On y va!

SECOND EDITION

PREMIER NIVEAU A

Jeannette Bragger
The Pennnsylvania State University

Donald Rice
Hamline University

HH Heinle & Heinle Publishers,
A Division of Wadsworth, Inc., Boston, MA 02116

The publication of *On y va!*, Second Edition, was directed by the members of the Heinle & Heinle Secondary School Publishing team:

Editorial Director: **Janet Dracksdorf**
Production Editor: **Pamela Warren**
Marketing Manager: **Elaine Uzan Leary**
Developmental Editor: **Margaret Potter**

Also participating in the publication of the program were:

Publisher: **Stanley J. Galek**
Editorial Production Manager: **Elizabeth Holthaus**
Manufacturing Coordinator: **Jerry Christopher**
Project Managers: **Anita Raducanu, Sharon Inglis**
Student Interior Designers: **Marsha Cohen/Parallelogram, Susan Gerould/Perspectives**
TEE Interior Designers: **Maureen Lauran, Susan Gerould/Perspectives**
Illustrator: **Jane O'Conor**
Illustration Coordinator: **Len Shalansky**
Cover Design: **Corey, McPherson, Nash**

Manufactured in the United States of America

ISBN 0-8384-55352

10   9   8   7   6   5   4   3   2   1

Printed in the United States of America

Heinle & Heinle Publishers is a division of Wadsworth, Inc.

You are about to begin an exciting and valuable experience. Learning a new language is a first step to increasing the size of your world. It will open up cultures other than your own: different ways of living, thinking, and seeing. Many of you will one day, sooner or later, have the opportunity to visit France or a French-speaking country. Your experience will be all the richer if you can enter into that culture and interact with its members. Some of you may never get the chance to spend time in France. Nevertheless, you too can profit from learning French because, if nothing else, you will become more aware of your own language and culture. The *ON Y VA!* program is designed to give all of you the linguistic skills (listening, speaking, reading, writing) and cultural knowledge needed to meet these goals.

Once you begin to use the French language in class (and you will do so very early on), you will discover that you can interact with French speakers or your classmates right away. It might help to persuade you of this to know that of the 80,000 words found in the French language, the average French person uses only about 800 on a daily basis. *Therefore, the most important task ahead of you is NOT to accumulate a large quantity of knowledge about French grammar and vocabulary, but rather to USE what you do know as effectively and creatively as you can.*

Communication in a foreign language means *understanding* what others say and *transmitting* your own messages in ways that avoid misunderstandings. As you learn to do this, you will make the kinds of errors that are necessary to language learning. DO NOT BE AFRAID TO MAKE MISTAKES! Instead, try to see errors as positive steps toward effective communication. They don't hold you back; they advance you in your efforts.

ON Y VA! has been written with your needs in mind. It places you in situations that you (as a young person) might really encounter in a French-speaking environment. Whether you are working with vocabulary or grammar, it leads you from controlled exercises (that show you just how a word or structure is used) to bridging exercises (that allow you to introduce your own personal context into what you are saying or writing) to open-ended exercises (in which you are asked to handle a situation much as you might in actual experience). These situations are intended to give you the freedom to be creative and express yourself without anxiety. They are the real test of what you can DO with the French you have learned.

Learning a language is hard work, but it can also be lots of fun. We hope that you find your experience with *ON Y VA!* both rewarding and enjoyable.

TABLE DES MATIÈRES

1a

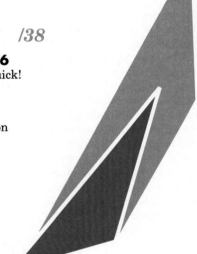

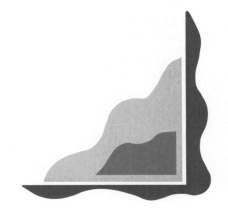

Acknowledgments

Creating a second language program is a long, complicated, and difficult process. We must express our great thanks first of all to our editor, Janet Dracksdorf—who patiently, sometimes nervously, but always very supportively guided both the original project and this revision from inception through realization. She and our production editor, Pam Warren, probably know *ON Y VA!* as well as we do. We would also like to thank our editorial production manager, Elizabeth Holthaus; our new developmental editor Peggy Potter, who came on board in mid-project; our project managers Anita Raducanu and Sharon Inglis; our copy editor Cynthia Fostle; our native reader Christiane Fabricant; our designers, Marsha Cohen, Sue Gerould, and Maureen Lauran; our cover designers, Corey, McPherson, Nash; our photographer, Stuart Cohen; and our illustrator, Jane O'Conor; as well as many other fine members of the Heinle and Heinle production staff. All of these people worked very closely and very ably with the actual book that you are now holding in your hands. We would be remiss, however, if we did not also point out the help of those behind the scenes—in particular, José Wehnes Q., Elaine Uzan Leary, and Sandra Spencer-Godfrey in Sales and Marketing, and, of course, the publisher, Stan Galek, and Charles Heinle himself.

We also wish to express our appreciation to Bernard Petit for creating the *ON Y VA!* video program; to André and Roby Ariew for the *ON Y VA!* software program; to Jim Noblitt for creating the excellent *Nouvelles Dimensions* multimedia program based on our materials; to Rebecca Kline, Kathleen Cook, Floy Miller, Charlotte Cole, and Marie-Jo Hofmann for their excellent work on the testing program; to Mariade Freitas Alves, Claire Jackson, and Mary Morrisard for annotations for the Teacher's Extended Edition; to Mary Kimball for new Cooperative Learning Activity suggestions and additional annotations for the Teacher's Extended Edition; to Toni Theisen for sample lesson plans and new video activity masters; to Cheryl Brown for additional sample lesson plans; and to Anita Raducanu, who provided additional editorial help.

Finally, as always, our special thanks to Baiba and Mary, who once again have cheerfully supported and encouraged us throughout another endeavor. As for Alexander (age 9) and his sister Hilary (age 4), we hope that they both will have the chance to learn French from *ON Y VA!* when they get to high school!

J.D.B.
D.B.R.

The publisher and authors wish to thank the following teachers who used the first edition of *ON Y VA!* and gave us suggestions for improvement. Their invaluable and detailed feedback has allowed us to make the second edition, both text and ancillary materials, an even better product.

Madeline Bishop, McMinnville High School, McMinnville, OR
Lynne Bowler, University High School, Irvine, CA
Bonna Cafiso, Shikellamy High School, Shikellamy, PA
Anne Curtis, Chattanooga State, Chattanooga, TN
Judy Davis, West Linn High School, West Linn, OR
Alice Dawn, Beaver Country Day School, Chestnut Hill, MA
Joyce Goodhue, Cherry Creek High School, Englewood, CO
Loye Hallden, Shikellamy High School, Shikellamy, PA
Laura Lanka, West Linn High School, West Linn, OR
Beverly Larson, Olentangy High School, Delaware, OH
Lynn Moore-Benson, Wellesley Middle School, Wellesley, MA
Caroline Ridenour, Los Angeles Baptist High School, North Hills, CA
Irene Tabish, Indiana Area Senior High School, Indiana, PA
Toni Theisen, Turner Middle School, Loveland, CO
Helen Van Praagh, Cheshire Academy, Cheshire, CT
Pat Warner, North Medford High School, Medford, OR

The publisher and authors wish to thank the following teachers who pilot tested the *ON Y VA!* program. Their valuable feedback on teaching with these materials greatly improved the final product. We are grateful to each one of them for their dedication and commitment to teaching with the program in a prepublication format.

David Hamilton
Lynn Nahabetian
Ada Cosgrove Junior High School
Spencerport, NY

Beth Harris
Alief ISD
Houston, TX

Beryl Hogshead
Elsik High School
Houston, TX

Joyce Goodhue
Verna Lofaro
Cherry Creek High School
Englewood, CO

Renée Rollin
Valentine Petoukhoff
Cherry Hill East High School
Cherry Hill, NJ

Linda Dodulik
Beck Middle School
Cherry Hill, NJ

Judith Speiller
Marta De Gisi
Mary D. Potts
Andrea Niessner
Cherry Hill West High School
Cherry Hill, NJ

Ann Wells
Carusi Junior High School
Cherry Hill, NJ

Sandy Parker
Michele Adams
Hastings High School
Houston, TX

Donna Watkins
Holub Middle School
Houston, TX

Janet Southard
Olle Middle School
Houston, TX

Yvonne Steffen
Hogan High School
Vallejo, CA

Cynthia DeMaagd
Holland Junior High School
Holland, MI

Galen Boehme
Kinsley High School
Kinsley, KS

Mary Harris McGhee
LSU Laboratory School
Baton Rouge, LA

Shirley Beauchamp
Pittsfield High School
Pittsfield, MA

Paul Connors
Lynn Harding
Randolph High School
Randolph, MA

Floy Miller
Boston Archdiocese Choir
School
Cambridge, MA

Geraldine Oehlschlager
Central Catholic High School
Modesto, CA

Mary Lee Black
Sacred Heart
Danville, VA

Nicole Merritt
San Mateo High School
San Mateo, CA

Jane Flood
Marge Hildebrandt
Somers High School
Lincolndale, NY

Joseph Martin
St. Ignatius High School
Cleveland, OH

Peter Haggerty
Sylvia Malzacher
Wellesley High School
Wellesley, MA

Lynn Moore-Benson
Linda Zug
Wellesley Middle School
Wellesley, MA

Analissa Magnelia
Turlock High School
Turlock, CA

The publisher and authors would also like to thank the countless teachers using the *ON Y VA!* program who have called or written us with comments and suggestions that have been invaluable to us in our efforts to produce a still better series in the second edition. In particular we would like to acknowledge the following teachers who have shared their professional experience and helped others to successfully implement the program:

John Boehner - Belleville H. S., West, IL
Susan Hayden - Aloha H. S., OR
Kathy Jany - Crystal Springs Uplands School, CA
Norah Jones - Rustburg H. S., VA
Yvette Parks - Norwood J. H. S., MA
Judith Redenbaugh - Costa Mesa H. S., CA
Lauren Schryver - San Francisco University H. S., CA
Jeannie Welch - The Meridien School, UT

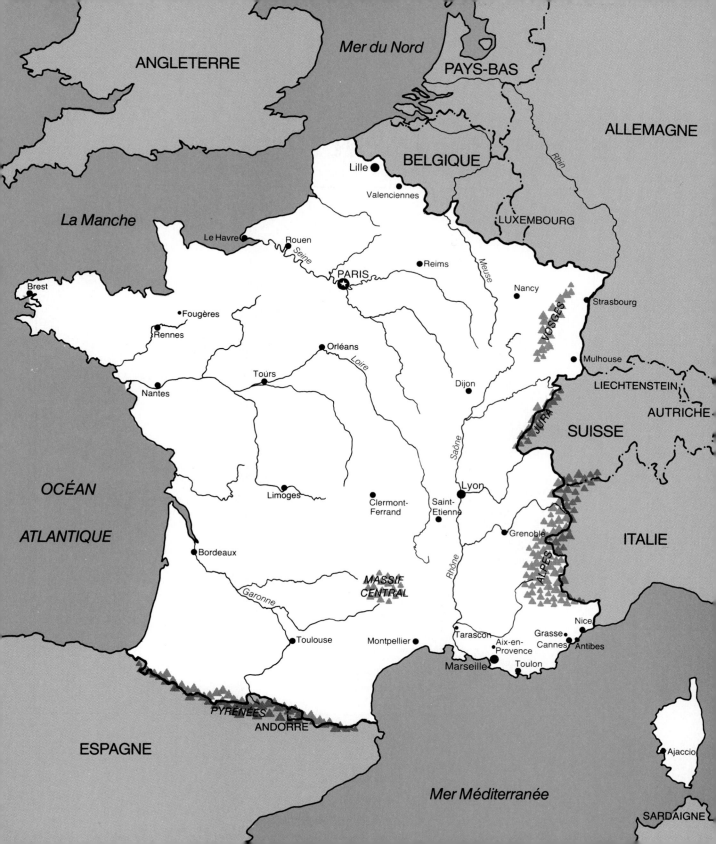

Le Monde francophone

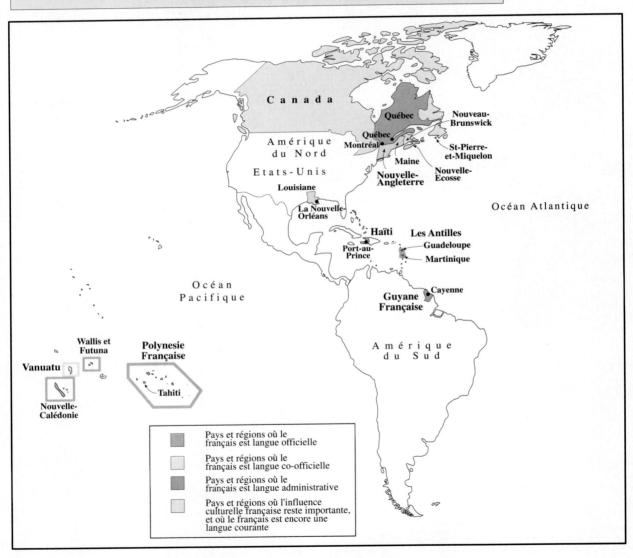

C a n a d a

Québec

Nouveau-
Brunswick

Québec
Montréal

St-Pierre-
et-Miquelon

A m é r i q u e
d u   N o r d

Maine

Etats-Unis

Nouvelle-
Ecosse

Louisiane

Nouvelle-
Angleterre

Océan Atlantique

La Nouvelle-
Orléans

Haïti

Les Antilles

Guadeloupe

Port-au-
Prince

Martinique

Cayenne

Océan
Pacifique

Guyane
Française

A m é r i q u e
d u   S u d

Wallis et
Futuna

Polynesie
Française

Vanuatu

Nouvelle-
Calédonie

Tahiti

Pays et régions où le
français est langue officielle

Pays et régions où le
français est langue co-officielle

Pays et régions où le
français est langue administrative

Pays et régions où l'influence
culturelle française reste importante,
et où le français est encore une
langue courante

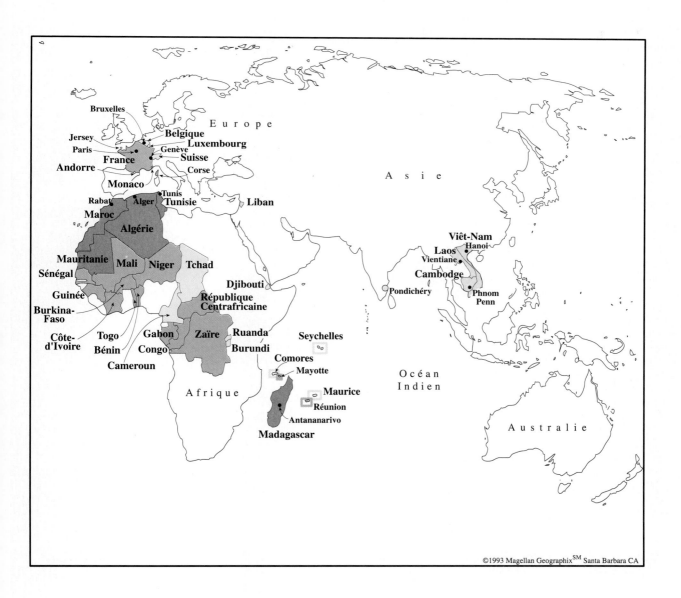

Bruxelles

Europe

Jersey
Paris
France
Andorre
Monaco

Belgique
Luxembourg
Genève
Suisse
Corse

Asie

Rabat
Maroc

Tunis
Alger
Tunisie

Liban

Algérie

Viêt-Nam
Hanoi

Mauritanie
Sénégal

Mali

Niger

Tchad

Laos
Vientiane
Cambodge

Guinée

Djibouti
République
Centrafricaine

Pondichéry

Phnom
Penn

Burkina-
Faso

Côte-
d'Ivoire

Togo
Bénin

Gabon
Congo

Zaïre

Ruanda
Burundi

Seychelles

Cameroun

Afrique

Comores
Mayotte

Océan
Indien

Maurice
Réunion

Australie

Antananarivo

Madagascar

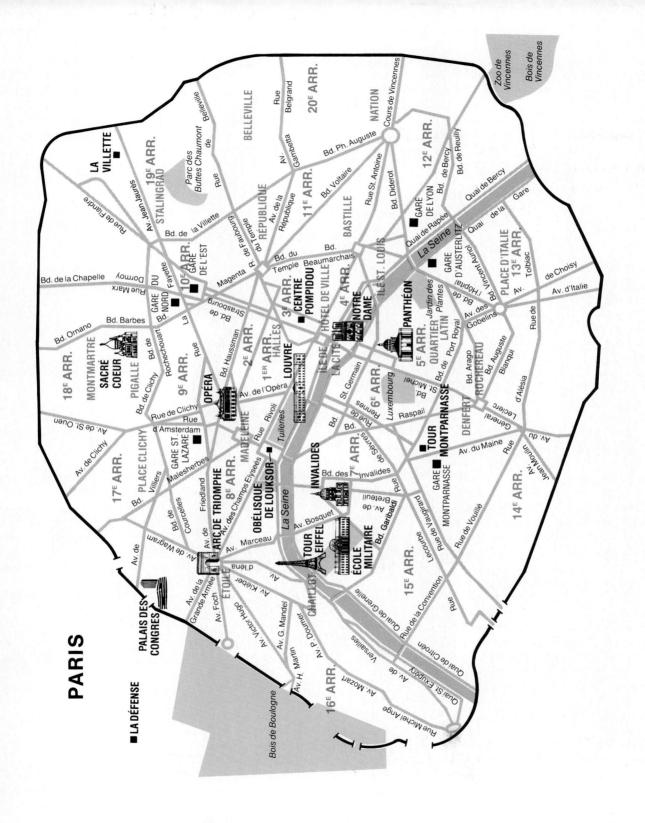

Unité 1
On prend quelque chose

On prend quelque chose: We are having something (to eat or drink)

Objectives

In this unit, you will learn:

- to meet and greet people;
- to get something to eat and drink;
- to ask for and give information about basic activities;
- to read a café menu;
- to understand a simple conversation upon meeting someone for the first time.

Chapitre premier: **Allons au café!**
   Première étape: Un Coca, s'il vous plaît
   Deuxième étape: Salut!. . . Au revoir!
   Troisième étape: Mangeons!

Chapitre deux: **On va à la briocherie**
   Première étape: À la briocherie
   Deuxième étape: Bonjour!. . . Au revoir!

Chapitre trois: **Tu aimes les fast-food?**
   Première étape: Quick? Macdo?
   Deuxième étape: On va au Quick!

Mireille Loiseau
Paris, France

Chapitre 1
Allons au café!

— *Je voudrais un Coca!*
— *Moi aussi.*
  Allons au café!

Point de départ
Un Coca, s'il vous plaît!

Allons au café!: Let's go to the café!

• •

— **S'il vous plaît,** Monsieur.
— Un moment, Mademoiselle...
Oui, Mademoiselle, vous désirez?
— Un Coca, s'il vous plaît.

— Voilà... Un Coca pour
Mademoiselle.
— Merci, Monsieur.
— **Je vous en prie,** Mademoiselle.

please

you're welcome

Des boissons chaudes

hot drinks

un café-crème

un thé nature

un café (un express)   un café au lait

un thé citron   un thé au lait

Des boissons froides

cold drinks

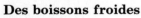

une menthe
à l'eau

un citron
pressé

un Coca   un Orangina   une limonade   un lait fraise   un diabolo citron

citron: with lemon

au lait: with milk

un Orangina: carbonated orange-flavored soft drink

une limonade: very sweet, carbonated soft drink

un lait fraise: milk with strawberry syrup

une menthe à l'eau: water with mint syrup; can also be made with other flavors—**une fraise à l'eau**

un citron pressé: lemonade

une orange pressée: orangeade

un diabolo citron: limonade mixed with lemon-flavored syrup; can also be made with other flavors—
un diabolo menthe (mint),
un diabolo fraise (strawberry)

Note culturelle

In France, people of all ages and from all walks of life frequent **cafés.** They go there for breakfast or a light lunch, to chat with friends after school or work, or simply to spend an hour or two reading the newspaper or a book and watching people walk by. In the summertime, the tables on the sidewalk in front of the café (**la terrasse**) are full. In the winter, most of the activity moves inside.

Service is almost always provided by men, **garçons,** who have been trained to work as waiters; there are, however, cafés where women, **serveuses,** wait on tables. Waiters and waitresses work very quickly and efficiently and thus deserve the service charge (15 percent) that is automatically added to the price of your food and drink. In addition to this charge, a tip (**le pourboire**) is often expected.

There are different kinds of cafés. On exclusive avenues such as the Champs-Élysées, you will find elegant cafés that cater primarily to tourists. There you can eat exotic ice cream dishes or pay 14F ($2.30) for a Coke as you watch a constant parade of passersby. In the business centers of French cities, the cafés attract primarily workers and shoppers, who stop for lunch or to relax for a moment on their way home. Near every school and university, you are sure to find cafés filled with students discussing their classes and arguing about politics. Finally, every town and city has its **cafés du coin** (neighborhood cafés). There you will find, seated at little tables or standing at the counter, a mixture of customers—factory workers discussing politics, retirees playing cards, teenagers trying their luck at pinball or electronic games.

Look at the pictures of cafés on p. 7 and try to distinguish among the various types of cafés.

CAFE DE LA PAIX
PL.OPERA PARIS.9

THE/CEYLAN   20.00
EXPRESS   13.50
        2x   28.00
PATISSERIE   56.00
CASH   89.50
  SERV.15%COMP
            89.50

20/03/88 15:02 32
04 BERNAR D #0354
      NET PRICES

À vous! (Exercices de vocabulaire)

A. Order the suggested beverages.

MODÈLE: un café-crème
— *Vous désirez, Mademoiselle (Monsieur)?*
— *Un café-crème, s'il vous plaît.*

1. un Coca
2. un thé citron
3. une limonade
4. une menthe à l'eau
5. un Orangina
6. un café
7. un diabolo citron

8. un thé au lait
9. un citron pressé
10. un express
11. une orange pressée
12. un lait fraise
13. un thé nature
14. une fraise à l'eau

 Le savez-vous?

Approximately how many cafés are there in the city of Paris?
a) 1,000
b) 5,000
c) 12,000

réponse

B. Get the waiter's attention and order a drink of your choice.

> MODÈLE: — *S'il vous plaît, Monsieur (Madame).*
> — *Oui, Monsieur (Mademoiselle). Vous désirez?*
> — *Un Orangina, s'il vous plaît.*

C. Play the role of waiter or student in the following situation. The student orders what he or she wishes to drink, but the waiter brings the wrong beverage.

> MODÈLE: GARÇON: *Vous désirez?*
> ÉLÈVE: *Un diabolo menthe, s'il vous plaît.*
> GARÇON: *Voilà, Mademoiselle (Monsieur). . . un diabolo citron.*
> ÉLÈVE: *Non, Monsieur. . . un diabolo menthe.*
> GARÇON: *Ah, pardon, Mademoiselle (Monsieur), un diabolo menthe.*
> ÉLÈVE: *Merci, Monsieur.*
> GARÇON: *Je vous en prie, Mademoiselle (Monsieur).*

 b

There used to be as many as 12,000 cafés in Paris. More and more fast-food restaurants are replacing the traditional cafés.

Structure

The indefinite article **un, une**

un garçon *(boy)*	**une** fille *(girl)*
un café	**une** limonade
un citron pressé	**une** orange pressée

The English equivalents of the above nouns would be preceded by the indefinite article *a* (or *an*). In French, however, one must distinguish between the *masculine* indefinite article **un** and the *feminine* indefinite article **une.**

For an English speaker, there is nothing surprising about the fact that a boy **(un garçon)** is masculine and a girl **(une fille)** is feminine. But it is much more startling to learn that a cup of coffee **(un café)** is masculine and a bottle of soda is **(une limonade)** is feminine, or that a lemon **(un citron)** is masculine, while an orange **(une orange)** is feminine. All nouns in French have gender, even those that do not refer to people. Since there are no infallible rules for determining gender, it is best to associate each noun with the appropriate article from the very beginning. For example, remember **un café,** not just **café.**

Ordinarily, the **n** of **un** is not pronounced. However, when the word that follows **un** begins with a vowel or a silent **h,** the **n** is pronounced: **un Orangina, un homme,** but **un thé.** The **n** of **une** is always pronounced.

Application

D. Replace the words in italics.

1. *Un café*, s'il vous plaît. (un thé au lait / un Orangina / un café-crème / une limonade / un diabolo citron / un lait fraise / une menthe à l'eau)
2. Voilà, Mademoiselle... *un diabolo menthe.* (un express / une orange pressée / un thé nature / un citron pressé / un Coca / une fraise à l'eau)

E. **Moi, je voudrais... Et toi?** *(I would like... And you?)* Indicate that you would like one of the following items. Then ask another student about his/ her choice.

MODÈLE: café
Moi, je voudrais un café. Et toi, (Peter)?

1. thé citron	6. citron pressé
2. Orangina	7. express
3. limonade	8. Coca
4. diabolo fraise	9. menthe à l'eau
5. orange pressée	10. café au lait

Le Vendôme

café: au lait	
express	7F
thé: nature	6F
au citron	10F
chocolat chaud	10F
boissons: Orangina	12F
Coca-Cola	12F
limonade	12F
diabolo	10F
citron	
menthe	10F
jus: un assortiment	10F
	14F

Débrouillons-nous!

(Petite révision de l'étape)

F. **Qu'est-ce que tu prends?** *(What are you having?)* You go to a café with two or three friends. Find out what each of them wants to drink. Then get a waiter and order.

MODÈLE: — *Qu'est-ce que tu prends?*
— *Un diabolo citron.*
— *Et toi?*
— *Un Orangina.*
— *S'il vous plaît, Monsieur.*
— *Un moment... Oui, vous désirez?*
— *Un diabolo citron, un Orangina et moi, je voudrais une menthe à l'eau.*

DEUXIÈME ÉTAPE

Point de départ

Salut!... Au revoir! Hi!...
Good-bye!

Salut!. . . Au revoir!

• •

— *Salut, Jean-Marc.* **Comment ça va?**	— *Jean-Marc Fortier, Suzanne Lecaze.*	— ***Allez, au revoir,*** *Jean-Marc.*
— *Ça va bien. Et toi, Martine, ça va?*	— *Bonjour, Suzanne.*	— *Au revoir, Martine.* ***À bientôt.***
— *Oh, oui. Ça va.*	— *Bonjour, Jean-Marc.*	— *Au revoir, Jean-Marc.*
		— *Au revoir, Suzanne.*

Comment ça va? How're you
doing?
Allez, au revoir: So long.
À bientôt: See you soon.

Les salutations

Bonjour. ⟶ **Les réponses** Bonjour.
Salut. ⟶ Salut.
Comment ça va? ⟍
Ça va? ⟶ { (Oui,) ça va bien. ⟍
Ça va bien? ⟋ (Oui,) ça va. ⟩ Et toi?
(Oui,) pas mal. ⟋

Les présentations

Yvonne, François. ⟶ Bonjour, François.
(Bonjour, Yvonne.)
Je te présente Thierry. ⟶ Salut, Thierry.

On prend congé

Au revoir.
Allez, au revoir.
Salut.
À tout à l'heure.
À bientôt.

On prend congé: Saying goodbye.

See you in a while.

Note culturelle

In France, custom requires that you shake hands when you greet someone and when you take leave of them. This social rule is followed by men and women, young and old. If the two people are related or are very good friends, instead of shaking hands they often kiss each other on both cheeks.

 Le savez-vous?

French young people often use an expression from a foreign language when they are taking leave of someone. What do they say?
a) Bye-bye!
b) Ciao!
c) ¡Adios!

réponse

— *Ça va?*
— *Oui, ça va bien!*

À vous! *(Exercices de vocabulaire)*

A. **Répondons!** *(Let's respond!)* Respond appropriately to each statement or question.

MODÈLE: — Bonjour, Georges.
— *Bonjour, Martine.*

1. Salut, Martine.
2. Comment ça va, Georges?
3. Ça va, Martine?
4. Salut, Chantal. Comment ça va?
5. Chantal, je te présente Hélène.
6. Vincent, Pierre.
7. Allez, au revoir, Vincent.
8. À bientôt, Anne-Marie.

B. **Salut!** . . . Greet a friend in the class, then introduce your friend to another classmate. Remember to shake hands or kiss when saying hello, when meeting someone, and when saying good-bye.

 b

The Italian expression *Ciao* has become a universal way of saying hello or good-bye.

PRONONCIATION: *Unpronounced final consonants*

As a general rule, final consonants in French are silent. Because speakers of English are accustomed to pronouncing most final consonants, you will have to pay close attention to final consonants when speaking French.

English	French
part	étudiant
uncles	Georges
mix	prix
cup	coup

Pratique

C. Read each word aloud, being careful *not* to pronounce the final consonant.

1. Paris
2. s'il vous plaît
3. garçon
4. à bientôt
5. un moment
6. un thé citron
7. Monsieur
8. un café au lait
9. salut
10. je voudrais

Reprise

D. **Pour Éric, un citron pressé.** Your class has organized a party with a French theme. Thus, the only liquid refreshments available are drinks served in a café. You play the role of waiter, giving out drinks to your classmates. If a person likes what you offer, he/she will thank you. If not, he/she will request a different drink. Don't forget to give yourself something to drink!

MODÈLE: GARÇON: *Pour Éric, un citron pressé.*
             ÉRIC: *Merci.*
             GARÇON: *Pour Christine, un Coca.*
             CHRISTINE: *Non, je voudrais une limonade.*
             GARÇON: *Pour. . . , etc. Et pour moi, un diabolo menthe.*

Structure

The present tense of regular *-er* verbs—first and second persons

Je mange beaucoup.   *I eat* a great deal.
Tu danses bien.   *You dance* well.
Nous parlons anglais.   *We speak* English.
Vous chantez bien.   *You sing* well.

Subject Pronouns	
English	**French**
I	**je**
we	**nous**
you	**tu** (one person you know well)
you	**vous** (one person you do not know well *or* two or more people)

1. Verbs consist of two parts: a *stem,* which carries the meaning, and an *ending,* which indicates the subject.
2. In English, verb endings seldom change (with the exception of the third-person singular in the present tense—*I read,* but *she reads*).

   In French, verb endings are very important, since each verb ending must agree in person (first, second, or third) and number (singular or plural) with the subject.
3. Most French verbs are regular and belong to the first conjugation—that is, their infinitive ends in **-er**

   The stem is found by dropping the **-er** from the infinitive **(danser → dans-).**
4. To conjugate a regular **-er** verb, add the appropriate endings to the stem:

Tu is always used when referring to small children and animals; **tu** is also frequently used among classmates and colleagues.

Verb: **danser** *(to dance)*			
Stem	**Subject**	**Ending**	**Conjugated verb form**
(drop **-er** from infinitive) **dans-**	je	**-e**	je dans**e**
	tu	**-es**	tu dans**es**
	nous	**-ons**	nous dans**ons**
	vous	**-ez**	vous dans**ez**

Conjugated verb forms	
parler *(to speak)* **parl-**	**manger** *(to eat)* **mang-**
je parl**e**	je mang**e**
tu parl**es**	tu mang**es**
nous parl**ons**	nous mang**eons**[1]
vous parl**ez**	vous mang**ez**

FÊTES FOLKLORIQUES EN BRETAGNE

MICHEAU.VERNEZ

Although English distinguishes between *I dance, I am dancing,* and *I do dance,* French does not. The equivalent of all three English forms is **je danse**.

Some other **-er** verbs that follow this pattern are **chanter** *(to sing),* **étudier** *(to study),* **voyager** *(to travel)* and **habiter** *(to live).*

When a verb begins with a vowel (**étudier**) or a silent **h** (**habiter**), **je** becomes **j'**. This dropping of a sound is called **élision**. Notice that the **tu** form is not elided. In a similar fashion, when a verb begins with a vowel or a silent **h**, the **s** of **nous** and **vous** is pronounced and linked with the following sound. This linking is called **liaison**.

Conjugated verb forms	
étudier *(to study)* **étudi-**	**habiter** *(to live)* **habit-**
j'étudie	**j'**habite
tu étudies	tu habites
nous étudions	nous habitons
vous étudiez	vous habitez

[1]When writing the **nous** form of **manger,** add an **e** before the **-ons** ending in order to preserve the soft sound of the **g.** This change also occurs in the **nous** form of **voyager** *(to travel):* **nous voyageons.**

Application ▬▬▬▬▬▬

E. Replace the subjects in italics and make the necessary changes.

MODÈLE: *Je* danse beaucoup. (vous / tu / nous / je)
Vous dansez beaucoup.
Tu danses beaucoup.
Nous dansons beaucoup.
Je danse beaucoup.

1. *Je* parle anglais. (tu / nous / vous / je)
2. *Nous* chantons bien. (je / vous / tu / nous)
3. *Tu* habites à Paris. (vous / nous / je / tu)
4. *Vous* étudiez le français. (nous / je / tu / vous)
5. *Tu* danses bien. (vous / nous / je / tu)

Note grammaticale

Here are some frequently used French adverbs. An adverb modifies a verb and is usually placed directly *after* the conjugated verb.

| **bien** | well | **souvent** | often | **beaucoup** | a lot |
| **mal** | poorly | **rarement** | rarely | **un peu** | a little |

Nous étudions **beaucoup.**   We study *a lot.*
Tu chantes **bien.**   You sing *well.*

The adverbs **très** *(very)* and **assez** *(rather, enough)* can be used with all of these adverbs except **beaucoup.** When they are used with **un peu, très** and **assez** take the place of **un: très peu, assez peu.**

Vous dansez **assez bien**   You dance *fairly well.*
Je voyage **très peu.**   I travel *very little.*
Nous voyageons **souvent.**   We travel *often.*

F. **On pose des questions aux nouveaux élèves.** *(The new students are asked some questions.)* Patrick and Laura are new students in a French secondary school. First, some French students ask Patrick about himself. Play the role of Patrick and answer the questions using the expressions in parentheses.

MODÈLE: Tu parles beaucoup? (non / très peu)
Non, je parle très peu.

1. Tu parles français? (oui, mais *(but)*/très peu)
2. Tu étudies beaucoup? (non, mais/assez)
3. Tu chantes bien? (non, mais/assez bien)
4. Tu danses souvent? (non/rarement)
5. Tu manges beaucoup? (non, mais/assez)
6. Tu voyages beaucoup? (non/très peu)

Then they ask Laura about her and her friends. Play the role of Laura and answer the questions using the expressions in parentheses.

MODÈLE: Vous chantez bien? (non/très mal)
            Non, nous chantons très mal.

7. Vous chantez bien? (oui/assez bien)
8. Vous voyagez beaucoup? (oui)
9. Vous parlez anglais? (oui)
10. Vous dansez rarement? (non/souvent)
11. Vous étudiez beaucoup? (oui)
12. Vous mangez beaucoup? (non, mais/assez)

G. **On vous pose des questions.** Imagine that you are at the same school as Patrick and Laura. Answer the questions the French students ask on the basis of your own situation.

1. Tu habites à Paris?
2. Tu parles français?
3. Tu voyages souvent?
4. Tu manges beaucoup?
5. Tu étudies beaucoup?
6. Tu chantes bien?
7. Tu danses souvent?

Débrouillons-nous!

(Petite révision de l'étape)

H. **Au café.** You and a friend are seated in a café when another friend arrives to join you. Greet your arriving friend, introduce him/her to your first friend, and order drinks for everyone. Your first friend then finishes his/her drink very quickly and has to leave.

TROISIÈME ÉTAPE

Point de départ
Mangeons!

Le petit déjeuner

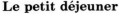

un thé au lait   un café au lait

un croissant   un chocolat

le petit déjeuner: breakfast

Le déjeuner

le déjeuner: lunch

un sandwich **au pâté**   une omelette **au fromage**   **un croque-monsieur**

with pâté (meat spread)
with cheese
open-faced grilled ham and cheese

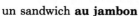

un sandwich **au jambon**   une omelette au jambon

with ham

un sandwich au fromage   une omelette **aux fines herbes**   **un croque-madame**

with mixed herbs
open-faced grilled ham and cheese with egg

Une scène au café

ANTOINE:	S'il vous plaît, Monsieur.
GARÇON:	Oui. Vous désirez?
HÉLÈNE:	Je voudrais un sandwich au jambon et un thé citron.
GARÇON:	Et pour vous, Monsieur?
ANTOINE:	Moi, **je vais prendre** une omelette aux fines herbes et un thé citron **aussi.**
GARÇON:	Merci.

I'll have
also (too)

Note culturelle

A **croque-monsieur** is different from what Americans know as a grilled ham and cheese sandwich. To make a **croque-monsieur,** you need two pieces of white bread, a slice of ham, and some grated Swiss cheese. You can also use some **sauce béchamel** (a basic white cream sauce—flour, butter, milk), if you wish. You begin by placing the ham on one slice of bread (spread with the sauce if you are using it). You then place the second slice of bread on top of the ham, sprinkle the grated cheese on top of the sandwich, and grill it in a toaster oven for 5 minutes.

If you wish to put a fried egg on top of the finished sandwich, you then have a **croque-madame.** *Bon appétit!*

À vous! (Exercices de vocabulaire)

A. **Qu'est-ce que tu prends?** You and a friend are in a café. Using the words suggested, discuss what to have for lunch.

MODÈLE: un sandwich au fromage / un sandwich au jambon
— *Qu'est-ce que tu prends?*
— *Je voudrais un sandwich au fromage. Et toi?*
— *Moi, je vais prendre un sandwich au jambon.*

1. un sandwich au jambon / un croque-monsieur
2. une omelette au fromage / un sandwich au fromage
3. un sandwich au pâté / une omelette aux fines herbes
4. un croque-monsieur / une omelette au jambon

B. **Le petit déjeuner.** Order the breakfast of your choice in a café.

MODÈLE: — *Vous désirez?*
— *Un café au lait et un croissant, s'il vous plaît.*

C. **Le déjeuner.** With a friend, order the lunch of your choice in a café.

MODÈLE: — *Oui, Mademoiselle (Monsieur). Qu'est-ce que vous désirez?*
— *Un sandwich au jambon et un Coca.*
— *Et pour Monsieur (Mademoiselle)?*
— *Je vais prendre une omelette au fromage et une limonade.*

Reprise

D. **Salut, . . .** Greet the student whose name is on the piece of paper you receive. Then introduce this person to someone else, who will in turn introduce the two of you to some other people. Continue greeting and introducing until your teacher signals that it is time to say good-bye to the people with whom you are talking.

E. **Qui. . . ?** *(Who. . . ?)* Answer the questions according to your own situation and using expressions from the model.

MODÈLE: PROFESSEUR: *Qui chante bien?*
            ÉLÈVE A: *Moi, je chante bien.*
            ÉLÈVE B: *Moi aussi, je chante bien.*
            PROFESSEUR: *Ah, vous chantez bien, vous deux. Et vous?*
            ÉLÈVE C: *Moi? Non, je chante mal.*

1. Qui habite à. . . ?
2. Qui parle anglais? espagnol *(Spanish)?* allemand *(German)?*
3. Qui voyage beaucoup?
4. Qui étudie beaucoup?
5. Qui chante bien?
6. Qui danse souvent?
7. Qui mange beaucoup?

Structure

Asking and answering yes / no questions

Tu étudies beaucoup?
 Do you study a lot?

Oui, j'étudie beaucoup.
 Yes, I study a lot.

Est-ce que vous parlez espagnol?
 Do you speak Spanish?

Non, nous ne parlons pas espagnol.
 No, we don't speak Spanish.

Tu habites à Lyon, **n'est-ce pas?**
 You live in Lyon, *don't you?*

Oui, j'habite à Lyon.
 Yes, I live in Lyon.

Est-ce que and intonation are the most common interrogative forms in conversation.
N'est-ce pas, another simple form, is used much less frequently.

A great many questions can be answered *yes* or *no*. There are three basic ways to ask such questions in French:

1. Make your voice rise at the end of a group of words:

    Vous habitez à Bordeaux?

2. Place the expression **est-ce que** before a group of words and make your voice rise at the end:

    Est-ce que tu voyages souvent?

    Note that the phrase **est-ce que** has no meaning other than to signal that a question is coming.

3. Add the phrase **n'est-ce pas** to end a group of words:

    Je chante bien, **n'est-ce pas?**

The phrase **n'est-ce pas** is the equivalent of *don't you? aren't you? isn't that right?*, and the like at the end of an English sentence. Usually you expect a yes answer.

Vous voyagez beaucoup?

Oui, nous voyageons beaucoup.

Non, nous ne voyageons pas beaucoup.

To answer a yes/no question negatively, place **ne** before and **pas** immediately after the conjugated verb:

     NE   **PAS**
Je   parle   espagnol.
Je **ne** chante **pas** très bien.
Nous **ne** mangeons **pas** beaucoup.

If the verb begins with a vowel or a silent **h, ne** becomes **n':**

Nous **n'**habitons **pas** à Paris.
Je **n'**étudie **pas** assez.

Application

F. Change each statement to a question by making your voice rise at the end of the sentence.

1. Vous désirez.
2. Tu habites à Grenoble.
3. Tu parles français.
4. Vous étudiez beaucoup.
5. Tu chantes bien.

G. Now use **est-ce que** as well as the rise of your voice to change the following statements into questions.

1. Tu manges beaucoup.
2. Vous parlez espagnol.
3. Vous désirez un café.
4. Tu voyages beaucoup.
5. Tu danses souvent.

H. Posez des questions. Now it's the turn of the American students (Patrick and Laura) to ask questions of their new French classmates. Using the expressions suggested below, play the roles of Patrick and Laura. Change the infinitive to agree with the subject and vary the question form you use. Begin by asking questions of the whole class.

MODÈLE: vous / parler anglais
Vous parlez anglais? or:
Est-ce que vous parlez anglais?

1. vous / habiter à Paris
2. vous / étudier beaucoup
3. vous / chanter assez bien
4. vous / danser souvent
5. vous / manger beaucoup

Then ask questions of individual students.

MODÈLE: tu / habiter à Paris
Tu habites à Paris? or:
Est-ce que tu habites à Paris?

6. tu / parler anglais
7. tu / étudier souvent
8. tu / danser bien
9. tu / voyager beaucoup
10. tu / chanter souvent

I. Paul et Françoise. Because Paul and Françoise are brother and sister, they tend to disagree a lot. Whenever one of them answers a question affirmatively, the other contradicts the answer. Play the roles of Paul and Françoise in answering the following questions.

MODÈLE: Tu chantes bien, n'est-ce pas?
PAUL: *Oui, je chante bien.*
FRANÇOISE: *Mais non, tu ne chantes pas bien!*

1. Tu parles allemand, n'est-ce pas?
2. Tu manges très peu, n'est-ce pas?

   3. Tu danses bien, n'est-ce pas?
   4. Tu voyages beaucoup, n'est-ce pas?
   5. Tu étudies souvent, n'est-ce pas?

J. **Toi...** Using the expressions given below and asking only yes/no questions, find out as much information as possible about one of your classmates.

   MODÈLE: habiter à Chicago
   — *Tu habites à Chicago?* or:
     Est-ce que tu habites à Chicago?
   — *Non, je n'habite pas à Chicago. J'habite à...*

   1. habiter à New York
   2. parler anglais (espagnol, allemand)
   3. étudier souvent

   4. chanter très bien
   5. manger beaucoup
   6. voyager beaucoup

Débrouillons-nous!

(Petite révision de l'étape)

K. **Le déjeuner au café.** You go to a café at lunchtime and run into a classmate, whose name you remember but whom you don't know very well. Greet each other, then order lunch. While waiting for your food, ask each other questions in order to get acquainted. Suggestion: Each of you should find out where the other person lives, what languages he/she speaks, whether he/she is a good singer and dancer, if he/she travels a great deal, etc.

Lexique

The **Lexique** consists of new words and expressions presented in the chapter. When reviewing or studying for a test, you can go through the list to see if you know the meaning of each item. In the glossary at the end of the book, you can check the words you do not remember.

Pour se débrouiller

Pour saluer	*Pour répondre à une salutation*
Bonjour	Bonjour
Salut	Salut
Comment ça va?	Ça va (bien).
Ça va (bien)?	Pas mal.

Pour prendre congé

Au revoir.
Allez, au revoir.
À bientôt.
À tout à l'heure.
Salut.

Pour faire une présentation

Je te présente. . .

Pour commander

Je voudrais. . .
Je vais prendre. . .

Pour être poli (polite)

S'il vous plaît.
Merci (bien).
Je vous en prie.

Thèmes et contextes

Les boissons

un café
un café au lait
un café crème
un chocolat
un citron pressé
un Coca
un diabolo citron (fraise, menthe)
un express
un lait fraise
une limonade
une menthe à l'eau
une orange pressée
un Orangina
un thé citron
un thé au lait
un thé nature

Le petit déjeuner

un croissant

Le déjeuner

un croque-monsieur
un croque-madame
une omelette aux fines herbes
           au fromage
           au jambon
un sandwich au fromage
           au jambon
           au pâté

Les boissons

Thé, café, lait	**0.75**
Tea, coffee, milk	
Café Sanka, thé à la menthe ou thé citron.	**0.85**
Sanka coffee, mint or lemon tea	
Tisanes variées...	**1.25**
Herbal teas	
Chocolat chaud	**1.00**
Hot chocolate	
Lait malté	**1.85**
Malted milk	
Boisson gazeuse	**0.85**
Soft drink	
Café espagnol	**5.25**
(cognac, liqueur de café)	
Spanish coffee	
(cognac, coffee liqueur)	
Café canadien	**5.00**
(alcool, liqueur d'érable)	
Canadian coffee	
(alcohol, maple liqueur)	
Café irlandais	**5.50**
(whisky irlandais, Irish Mist, liqueur de café)	
Irish coffee	
(Irish whysky, Irish Mist, coffee liqueur)	

Vocabulaire général

Verbes	*Adverbes*	*Autres expressions*
chanter	assez	aussi
danser	beaucoup	moi
désirer	bien	n'est-ce pas
étudier	mal	toi
habiter	un peu	
manger	rarement	
parler	souvent	
voyager	très peu	

Chapitre 2

On va à la briocherie

— On va à la briocherie?
— Oui, je voudrais manger quelque chose de sucré.

PREMIÈRE ÉTAPE

Point de départ
À la briocherie

• •

Quelque chose de sucré

un pain
au chocolat

une brioche

un pain
aux raisins

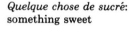

Quelque chose de sucré:
something sweet

une tartelette
aux fraises

un chausson aux
pommes

un croissant
aux amandes

Quelque chose de salé

Quelque chose de salé:
something salty

une quiche

une part de pizza

une tarte à l'oignon

---

un pain au chocolat: a roll with a piece of chocolate in the middle

une brioche: a light, sweet roll

un pain aux raisins: a roll with raisins

une tartelette: a tart, a small open-faced pie in various flavors—**fraises** (strawberries), **citron** (lemon), plus others

un chausson aux pommes: a puff pastry filled with cooked apple slices

un croissant aux amandes: a croissant with almonds

une quiche: an open-faced pie filled with an egg and cheese mixture

une part de pizza: a slice of pizza

une tarte à l'oignon: a kind of quiche made with onions (a specialty of Alsace)

25

Note culturelle

After school, instead of sitting in a café, French high school students will often stop and buy something that they can eat in the street while walking home. A favorite place to go is **une briocherie.** This shop gets its name from **une brioche**—a light, sweet bun raised with yeast and eggs. However, you can buy numerous other treats there, both sweet and salty. Many **briocheries** sell their foods from a counter opening out onto the sidewalk, thus making it a quick and easy way to buy an afternoon snack.

À vous! (Exercices de vocabulaire)

A. **Sucré ou salé?** *(Sweet or salty?)* Answer your friend's question about whether you want something sweet **(sucré)** or salty **(salé)** by specifying the item in parentheses.

> MODÈLE: — Tu voudrais quelque chose de sucré? (une brioche)
> — *Oui, je voudrais une brioche.*

1. Tu voudrais quelque chose de sucré? (une tartelette aux fraises)
2. Tu voudrais quelque chose de salé? (une tarte à l'oignon)
3. Tu voudrais quelque chose de sucré? (un pain aux raisins)
4. Tu voudrais quelque chose de sucré? (un pain au chocolat)

> MODÈLE: — Tu voudrais quelque chose de salé? (une brioche)
> — *Non, je voudrais quelque chose de sucré.*
> — *Prends* (have) *une brioche.*

5. Tu voudrais quelque chose de sucré? (une part de pizza)
6. Tu voudrais quelque chose de salé? (un croissant aux amandes)
7. Tu voudrais quelque chose de salé? (un chausson aux pommes)
8. Tu voudrais quelque chose de sucré? (une quiche)

B. **Une tartelette aux pommes, s'il vous plaît.** Buy yourself an afternoon snack, choosing each item indicated.

> MODÈLE: *Une tartelette au citron, s'il vous plaît.*

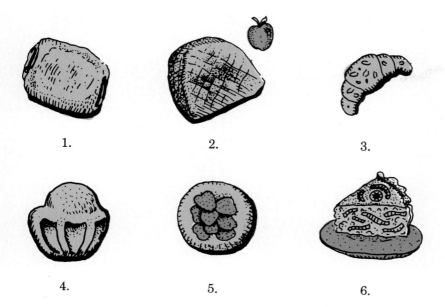

1.

2.

3.

4.

5.

6.

C. **Qu'est-ce que tu voudrais?** *(What would you like?)* Ask some of your classmates what they would like for a snack. They will first indicate whether they want something sweet **(quelque chose de sucré)** or something salty **(quelque chose de salé).** Suggest an appropriate item to buy. They will agree or choose something else.

MODÈLE: — *Qu'est-ce que tu voudrais?*
— *Moi, je voudrais quelque chose de sucré.*
— *Un pain au chocolat?*
— *Oui, un pain au chocolat.* or:
   Non, je voudrais une brioche.

PRONONCIATION: *Pronounced final consonants*

The major exceptions to the rule of unpronounced final consonants are **c, r, f,** and **l.** These four consonants are usually pronounced when they are the last letter of a word. It may be helpful to use the English word **CaReFuL** as a memory aid.

There are some words ending in **r** or **c** in which the final consonants are *not* pronounced: **Perrier, régulier, premier, blanc, franc, tabac.** These are exceptions to the basic rule.

par**c**	bonjou**r**	acti**f**	ma**l**
chi**c**	au revoi**r**	che**f**	espagno**l**

This rule does not apply to the infinitives of **-er** verbs: **parler, chanter, voyager.**

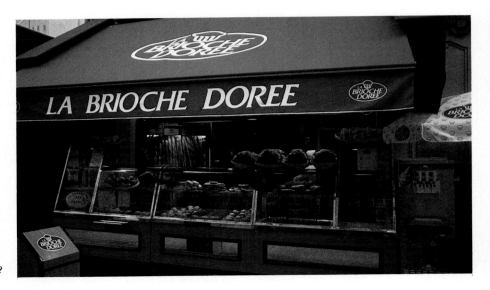

Tu as faim?
Qu'est-ce que tu voudrais?

Pratique

D. Read each word aloud, being careful to pronounce the final consonant unless the word is an infinitive.

1. Marc	6. bonjour	11. manger
2. cher	7. sec	12. Jean-Luc
3. bref	8. espagnol	13. fil
4. mal	9. amour	14. tarif
5. étudier	10. Montréal	15. voyager

Reprise

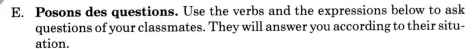

E. **Posons des questions.** Use the verbs and the expressions below to ask questions of your classmates. They will answer you according to their situation.

MODÈLE: danser beaucoup
           — *Tu danses beaucoup?*
           — *Non, je ne danse pas.*

1. habiter à Houston
2. étudier souvent
3. chanter bien
4. voyager beaucoup
5. parler allemand (espagnol)

Now ask the same questions of your teacher.

MODÈLE: — *Vous dansez beaucoup?*
— *Non, . . .*

F. **Une conversation au café.** You and two other students meet in a café at noontime. One of you makes introductions. Then order lunch. While waiting for the waiter to bring your food and beverages, ask each other questions. On a signal from the teacher, the student who arrived last at the café says good-bye to the other two.

Structure

*The present tense of regular **-er** verbs—third person*

Jacques? **Il voyage** beacoup.

Hélène? **Elle parle** espagnol.

Paul et Philippe? **Ils chantent** bien.

In French, in addition to the basic third person pronouns (**il, elle, ils, elles**) that are the equivalent of *he, she, they* in English, there is also the pronoun **on. On** is used to refer to a *general, undefined* group of people. The English equivalent is *one* or *people (in general).* **On** is also the equivalent of *you* or *they* when these pronouns don't refer to anyone in particular: *You have to pay a sales tax on most items,* or *They say that Chicago is very windy.* Even though **on** usually refers to a number of people, from a grammatical point of view it is a singular pronoun, acting just like **il** or **elle: À Paris, on parle français.**

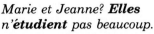

Marie et Jeanne? **Elles n'étudient** *pas beaucoup.*

Claire et Vincent? **Ils dansent.**

Subject pronouns	
English	**French**
he	**il**
she	**elle**
they	**ils** (two or more males or a group of males and females)
they	**elles** (two or more females)

1. **Il, elle, ils,** and **elles** all refer to a particular person or persons. However, when you want to talk about *people in general*, use **on**:

   À Paris on parle français.   *In Paris they (people) speak French.*

2. To form the present tense of an **-er** verb in the third person, add the appropriate ending to the stem. Remember, the stem is found by dropping the ending the (**-er**) from the infinitive (**étudier → étudi-**).

Subject	Ending	Conjugated verb form		
		danser **dans-**	**parler** **parl-**	**habiter** **habit-**
il	**-e**	il dans**e**	il parl**e**	il habit**e**
elle	**-e**	elle dans**e**	elle parl**e**	elle habit**e**
on	**-e**	on dans**e**	on parl**e**	on habit**e**
ils	**-ent**	ils dans**ent**	ils parl**ent**	ils habit**ent**[1]
elles	**-ent**	elles dans**ent**	elles parl**ent**	elles habit**ent**[1]

Some additional **-er** verbs that fit this model are **travailler** *(to work)* and **gagner** *(to earn).*

[1]Remember to make a liaison between the **s** of **ils** or **elles** and a verb beginning with a vowel or silent **h: ils‿habitent, elles‿étudient.**

Application

G. Replace the subject in italics and make the necessary changes.

MODÈLE: *Je* chante bien. (tu / Monique et moi / elles)
Tu chantes bien.
Monique et moi, nous chantons bien.
Elles chantent bien.

1. *Marie* parle allemand. (Jean et Yvette / Patrick / elles / je / nous)
2. *Il* habite à Montréal. (elle / ils / elles / tu / vous / je)
3. *Hervé* travaille rarement. (ils / on / nous / elles / tu / je)
4. *Elle* ne danse pas. (ils / il / Jeanne et moi / on / tu / je)

H. Encore des questions. *(Some more questions.)* Your French classmates are curious to know more about American students in France with you. Answer their questions using the expressions in parentheses.

MODÈLES: Est-ce que John parle espagnol? (non)
Non, il ne parle pas espagnol.

Est-ce que Mary et Dawn voyagent beaucoup? (très peu)
Non, elles voyagent très peu.

1. Est-ce que Robert habite à Chicago? (à Milwaukee)
2. Est-ce qu'on parle français à Boston? (anglais)
3. Est-ce que Nancy et Susan parlent français? (non)
4. Est-ce que Beverly travaille? (oui)
5. Est-ce qu'elle gagne beaucoup? (très peu)
6. Est-ce que George et Bill voyagent souvent? (rarement)
7. Est-ce que Mark chante bien? (mal)
8. Est-ce que Carol mange beaucoup? (oui)

I. Michèle et Daniel. One of your French classmates has an older sister **(Michèle)** and an older brother **(Daniel)**. Using the expressions below, first ask your classmates questions about Michèle.

MODÈLE: habiter à Paris
Est-ce que Michèle habite à Paris?

1. étudier beaucoup   2. parler anglais   3. manger beaucoup

Now ask questions about Daniel.

4. habiter à Paris   5. travailler   6. gagner beaucoup

Finally, ask questions about the two of them.

7. voyager beaucoup   9. chanter bien
8. étudier souvent   10. danser souvent

Débrouillons-nous!

(Petite révision de l'étape)

J. **Devant la briocherie.** *(In front of the briocherie.)* You and a friend are standing in line waiting your turn to buy something at the **briocherie.** First, discuss what you would like to eat. Second, greet two other people who are standing in line and introduce them to your friend. Third, after the other two leave, answer your friend's questions about the two people to whom you have just introduced him/her.

DEUXIÈME ÉTAPE

Point de départ
Bonjour!. . . Au revoir!

· ·

As they come out of the **briocherie,** Jean-Claude Merrien and his friend Alain Duvalier run into two friends of Jean-Claude's parents, Monsieur et Madame Maire.

M. ET MME MAIRE:	Bonjour, Jean-Claude.
JEAN-CLAUDE:	Ah, bonjour, Monsieur. Bonjour, Madame. **Comment allez-vous?**
M. MAIRE:	Très bien, merci. Et vous?
JEAN-CLAUDE:	**Je vais très bien,** merci. Je voudrais vous présenter **mon ami,** Alain Duvalier. Monsieur et Madame Maire.
M. ET MME MAIRE:	Bonjour, Alain.
ALAIN:	**Enchanté,** Madame, Monsieur.
MME MAIRE:	Ah, tu manges une brioche. Et toi, Jean-Claude, un chausson aux pommes. C'est bon?
JEAN-CLAUDE:	Oh, oui. C'est délicieux.
M. ET MME MAIRE:	Au revoir, Jean-Claude. Au revoir, Alain.
JEAN-CLAUDE ET ALAIN:	Au revoir, Madame. Au revoir, Monsieur.

How are you?

I am very well.
my friend

Delighted (to meet you)

Les salutations

Bonjour.
Comment allez-vous?
(Je vais) très bien,
   merci. Et vous?

Les présentations

Je voudrais vous
   présenter. . .
Enchanté(e).
Bonjour.

On prend congé

Au revoir.
À tout à l'heure.
À bientôt.

Note culturelle

In formal situations, **Monsieur, Madame,** or **Mademoiselle** always accompany **Bonjour** and **Au revoir.** Many of the expressions in *Chapitre premier* can be used both with friends and in more formal situations; others cannot. Expressions such as **Salut, ça va?,** and **Allez, au revoir** are quite informal and would not be appropriate to use with older people whom you do not know very well. On the other hand, expressions such as **Comment allez-vous?, Je voudrais vous présenter,** and **Enchanté** are too formal to use with young people of your own age.

À vous! (Exercices de vocabulaire)

A. **Répondons.** Complete the dialogue with an appropriate expression.

MODÈLE: Bonjour, Madame. (Monsieur)
           Bonjour, Monsieur.

1. Bonjour, Henri. (Catherine)
2. Comment allez-vous, Étienne? (Monsieur Dupont)
3. Madame Piquet, je voudrais vous présenter mon amie, Anne Praz.
4. Au revoir, Mademoiselle. (Madame)
5. À bientôt, Dominique. (Thierry)

B. **Bonjour, Madame (Monsieur, Mademoiselle).** Greet and shake hands with your teacher, introduce a classmate to him/her, and then say good-bye.

Salut!

Reprise

C. **Écoutez bien.** *(Listen carefully.)* Play the roles of the following students, and model their conversation. Anne asks Marc a question. After Marc answers, Jacques asks Chantal what he said. If Chantal has been listening, she should be able to answer with no problem.

MODÈLE: parler
ANNE: *Marc, tu parles anglais?*
MARC: *Non, je ne parle pas anglais.*
JACQUES: *Chantal, est-ce que Marc parle anglais?*
CHANTAL: *Non, il ne parle pas anglais.*

1. habiter à...
2. étudier beaucoup
3. manger beaucoup
4. voyager beaucoup
5. chanter souvent
6. chanter bien
7. parler espagnol (allemand, français)
8. travailler / gagner beaucoup

D. **Mon ami(e).** *(My friend.)* Mention the name of one of your friends to some of your classmates. They will ask you questions about this friend, using the following verbs: **habiter, parler, étudier, chanter, danser, manger, voyager, travailler, gagner.**

MODÈLE: Mon amie Carole
— *Est-ce qu'elle habite à New York?*
— *Non, elle habite à. . .*

Structure

The conjugated verb followed by an infinitive

J'aime chanter.	*I like to sing.*
Est-ce que **tu aimes étudier?**	*Do you like to study?*
Elles n'aiment pas travailler.	*They don't like to work.*
Est-ce que **tu voudrais danser?**	*Would you like to dance?*

When there are two verbs in the same sentence or in the same part of a sentence, the first verb is conjugated (that is, made to agree with the subject), but the second verb remains in the infinitive form. This construction occurs frequently with the verb **aimer** *(to like, to love)* and the expressions **je voudrais** and **tu voudrais** *(I would like* and *you would like).*

Moi, j'aime danser!

Moi, je n'aime pas danser!

Application

E. **Tu voudrais. . . ?** At a party, you try to impress a boy or a girl whom you like by asking in French if he/she would like to do certain things. Use the suggested expressions to form your questions. He/she can answer either affirmatively or negatively.

MODÈLE: manger
— *Tu voudrais manger?*
— *Oui, je voudrais manger.*   or:
Non, je voudrais danser.

1. danser
2. chanter
3. manger quelque chose de sucré
4. manger quelque chose de salé

5. boire *(to drink)* quelque chose
6. parler français
7. habiter à Paris

F. **Moi, je n'aime pas. . .** Indicate whether or not you like to do the following things. Then check with a classmate to see if he/she has the same likes and dislikes as you. If your classmate gives the same *positive* response as you, he/she will add **aussi** *(also)* to the answer. If your classmate gives the same *negative* response as you, he/she will add **non plus** *(either)*.

MODÈLE: danser
— *J'aime (beaucoup) danser. Et toi?*
— *Moi, j'aime (beaucoup) danser aussi.*   or:

— *Je n'aime pas danser. Et toi?*
— *Je n'aime pas danser non plus.*

1. chanter
2. voyager
3. manger les choses *(things)* sucrées

4. manger les choses salées
5. danser
6. étudier
7. travailler

Débrouillons-nous!

(Petite révision de l'étape)

G. **Bonjour, Monsieur (Madame).** While walking with a friend, you run into a French colleague of your parents, Monsieur (Madame) Laval. Introduce Monsieur (Madame) Laval to your friend. Tell Monsieur (Madame) Laval about your friend—where he/she lives and one thing he/she likes to do. Monsieur (Madame) Laval will ask the two of you questions about other activities. On a signal from the teacher, Monsieur (Madame) Laval will say good-bye.

● ●

POURQUOI?

● ●

A few days after her arrival in France, a teenage exchange student from the United States comes home from school rather late in the afternoon. When she arrives at the apartment of her host family, she finds her French "mother" and "father" seated in the living room with several of their friends. The young American says hello to her French parents, nods to the other people, and sits quietly on a chair in the corner. After a few moments, however, she senses that her French parents disapprove of something. What is the problem?

a.   In France, when you come home late, you are expected to explain where you've been.

b.   When you enter a group in France, it is customary to shake hands with everyone.

c.   French young people do not usually sit with their parents' friends.

d.   In France, it is impolite to sit in the corner.

● ●

Lexique

Pour se débrouiller

Pour saluer
   Comment allez-vous?

Pour répondre à une salutation
   Je vais (très) bien.

Pour faire une présentation
   Je vous présente. . .
   Enchanté(e).

Thèmes et contextes

La briocherie

une brioche	quelque chose de salé
une chausson aux pommes	quelque chose de sucré
un croissant aux amandes	une quiche
un pain au chocolat	une tarte à l'oignon
un pain aux raisins	une tartelette au citron
une part de pizza	une tartelette aux fraises

Vocabulaire général

Noms	*Verbes*	*Autres expressions*
une chose	gagner	non plus
	travailler	

Chapitre 3

Tu aimes les fast-food?

— Mireille, tu aimes les fast-food?
— Pas beaucoup. Et toi?

Point de départ
Quick? Macdo?

Thierry, Angélique, and Francine are downtown at lunchtime.

FRANCINE:	On mange quelque chose?
THIERRY:	Oui, **pourquoi pas?** On va au Quick?
ANGÉLIQUE:	**D'accord.** J'aime bien les fast-food.

Why not?

OK

Note culturelle

Fast-food restaurants are almost as popular in France as they are in the United States. The best known in McDonald's, sometimes called **Macdo** in French. However, there are numerous Burger King restaurants, including two on the famous Champs-Élysées in Paris. The major French fast-food restaurant chain is called **Le Quick,** run by a supermarket corporation called **Casino.** It has restaurants in all the big cities.

The expression **le fast-food** refers to a fast-food restaurant; the expression **les fast-food** refers to the food served there. Notice that **les fast-food** is an irregular formation—i.e., it has no **s** in the plural.

39

À vous! (Exercices de vocabulaire)

A. **Le fast-food en France et aux États-Unis.** *(The fast food restaurant in France and the United States.)* Study the menu and picture below. In what ways are French fast-food restaurants similar to their American counterparts? What differences do you notice?

B. **On mange quelque chose?** When asked this question, the people pictured below all answered **oui,** but each had a different place in mind. Match each statement with the appropriate person on the basis of the clues in the drawings.

·1.   2.

3.   4.

a. Je voudrais manger au Quick.
b. J'aime bien les fast-food américains. Allons au Macdo.
c. Je n'aime pas les fast-food. Je voudrais manger dans un café.
d. Moi, je voudrais acheter *(to buy)* quelque chose de sucré à La Brioche Chaude.

C. **On va au Quick?** Suggest to a friend that you go to the following places for a bite to eat. Your friend can either agree or suggest a different place.

MODÈLE: au Quick
            — *On mange quelque chose?*
            — *Oui, pourquoi pas?*
            — *On va au Quick?*
            — *D'accord.* or:
               Non, je n'aime pas Le Quick. Allons au Macdo.

1. au Macdo   3. au Café Minet
2. au Burger King   4. au Quick

1 poulet
1 frite
1 fanta 40 cl

20 rue de la Reynie   75004 PARIS
16 bd St Michel   75005 PARIS
56 bd St Michel   75006 PARIS
6 rue du Fbg Montmartre   75009 PARIS
14 bd de Strasbourg   75010 PARIS
83 bd de Strasbourg   75010 PARIS
11 pl de Clichy   75017 PARIS
3 bd Barbes   75018 PARIS

PRONONCIATION: *Final consonant + e*

If a word ends in an **e** without an accent mark, the preceding consonant is always pronounced. This **e**, called a mute **e**, remains silent. If there is a double consonant before the **e**, only one consonant sound is heard.

chant**e**	fem**me**	fromag**e**
parl**e**	salad**e**	omelet**te**

Pratique

D. Read each pair of words aloud, being careful not to pronounce the final consonant of the first word and making sure to pronounce the final consonant before the **e** of the second word.

1. français, française
2. américain, américaine
3. allemand, allemande
4. Denis, Denise
5. François, Françoise
6. part, parte

E. Say each word aloud, being careful to pronounce a final consonant before an **e** and not to pronounce a final consonant alone (with the exception of **c, r, f, l**).

1. Madame
2. bien
3. limonade
4. Rome
5. chocolat
6. pour
7. jambon
8. Saint-Denis
9. chose
10. croissant
11. tarte
12. Vittel
13. voudrais
14. danse
15. parc
16. chef

Reprise

F. **Bonjour!. . . Salut!. . .** Play the roles of the people in each of the following situations. Pay attention to the level of language—formal or informal.

Henri   *Jean-Jacques*

MODÈLE: — *Salut, Jean-Jacques.*
— *Salut, Henri. Ça va?*
— *Oui, ça va. Et toi?*
— *Oh, ça va bien.*

1. M. Ventoux   Chantal

2.   Sylvie   Renée

3. Claude   Angèle   Henri   4. Martine Annick   Mme Leroux

5. Mme Didier   Gérard   6. Ahmed   Jean

G. **Qui aime danser?** Survey several classmates about their attitudes towards the following topics. Be prepared to report your results to the class.

MODÈLE: danser
— *Tim, tu aimes danser?*
— *Oui, j'aime danser.*
— *Louise, tu aimes danser?*
— *Non, je n'aime pas danser.*
— *Ralph, tu aimes danser?*
— *Non, je n'aime pas danser non plus.*
— *Tim aime danser. Louise et Ralph n'aiment pas danser.*

1. danser
2. étudier
3. parler français
4. manger les choses sucrés
5. manger les choses salés
6. voyager
7. chanter

Structure

*The present tense of the irregular verb **être***

Sylvie **est** de New York.	Sylvie *is* from New York.
Ils ne **sont** pas ici. Ils **sont** à Montréal.	They *are* not here. They'*re* in Montreal.
—Vous **êtes** américains?	—*Are* you American?
—Non, nous **sommes** canadiens.	—No, we *are* Canadian.

Some French verbs do not follow the pattern of conjugation you have learned for regular **-er** verbs. They are called *irregular verbs* because they do not follow a fixed pattern. One of the most frequently used irregular verbs is **être** *(to be)*. Here are its present-tense forms:

être	
je **suis**	nous **sommes**
tu **es**	vous **êtes**
il, elle, on **est**	ils, elles **sont**

The interrogative and negative forms follow the same patterns as for **-er** verbs.

—**Est-ce que** tu es française? —Non, je **ne** suis **pas** française. Je suis américaine.

Application

H. Replace the subject in italics and make the necessary changes.

1. *Éric* est à Bordeaux. (Je / Hélène et moi / tu / elles)
2. *Monique* est de Paris. (Jean-Jacques / je / vous / ils / nous / tu)
3. Est-ce que *Mathieu* est au Macdo? (Nathalie / Monsieur et Madame Ledoux / vous / tu / on / nous)
4. *Yves et Mathilde* ne sont pas au café. (Jean-Luc / je / Denise / vous / elles / on / tu)

I. **Marielle n'est pas ici. Elle est à Nice.** You notice that the classroom is almost empty just two days before a vacation break. When the teacher calls on certain people, you explain that they are not here and, using the cities given below, you indicate where they are.

Horaire

SNCF

Paris – Menton
- **Paris**
- Dijon
- Chalon-sur-Saone
- Macon
- Lyon
- Valence
- Avignon
- Arles
- **Marseille**
  Nice
- Beaulieu-sur-Mer
- Monaco
- **Menton**

Cette fiche ne comporte que les horaires pour les relations au départ d'une localité ● à destination des localités ■   550A

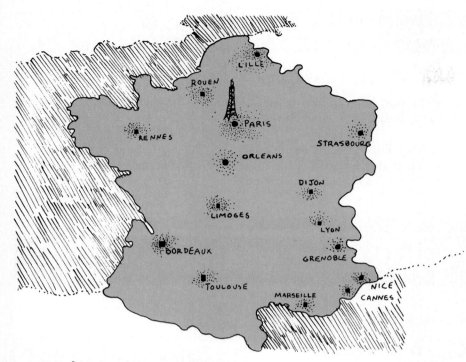

MODÈLE: Renée / Strasbourg
Renée? Elle n'est pas ici. Elle est à Strasbourg.

1. Georges / Toulouse
2. Chantal et Marcel / Grenoble
3. Michèle et Jeanne / Cannes
4. Vincent / Orléans
5. Brigitte / Bordeaux
6. Jean-Pierre et Henri / Rennes

J. **Ils ne sont pas de Paris.** Even though many of your French friends live in Paris, they were not born there. When you ask them if they are from Paris, they tell you where they are from. Using the cities below, ask and answer questions according to the models.

> The preposition **à** is the equivalent of the English *to* or *at* or *in;* the preposition **de** is the equivalent of the English *of* or *from.*

MODÈLES: Pierre / Toulouse
— *Est-ce que Pierre est de Paris?*
— *Non, il n'est pas de Paris. Il est de Toulouse.*

vous / Marseille
— *Vous êtes de Paris?*
— *Non, nous ne sommes pas de Paris. Nous sommes de Marseille.*

1. Jacqueline / Lyon
2. tu / Nice
3. Étienne et Dominique / Lille
4. vous / Rouen
5. Édouard / Limoges
6. Yvette et Monique / Dijon

Débrouillons-nous!

The population of these three cities is as follows:
Marseille (880,000);
Lyon (420,000);
Bordeaux (212,000).

(Petite révision de l'étape)

K. **Échange.** Ask a classmate the following set of questions. After answering them, he/she will ask you the same set of questions.

1. Tu habites à..., n'est-ce pas?
2. Tu es de... aussi?
3. Tu parles espagnol (allemand)?
4. Tu manges beaucoup?

5. Tu aimes chanter?
6. Tu chantes bien?
7. Tu voyages souvent?
8. Tu voudrais visiter Paris?

DEUXIÈME ÉTAPE

Point de départ
On va au Quick!

• •

ANGÉLIQUE:	Qu'est-ce que tu manges?
THIERRY:	Pour moi, un Giant, des **frites,** et un milk-shake au chocolat.
FRANCINE:	Moi, je voudrais un BigCheese, des frites et un Coca.
ANGÉLIQUE:	D'accord. Mademoiselle **deux** Giants, un BigCheese, **trois** frites, un Coca, un milk-shake au chocolat et un milk-shake **à la vanille.**
THIERRY:	Tiens! Voilà Jeanne.
ANGÉLIQUE:	Elle est américaine, n'est-ce pas?
THIERRY:	Non, non, elle est canadienne. Elle est de Montréal. Elle chante très bien—en français et en anglais.
FRANCINE:	**C'est chouette, ça.**

french fries

two / three

vanilla

That's great (neat).

À vous! (Exercices de vocabulaire)

A. Un, deux, trois. . . au Quick. On the basis of the drawings below, order food for you and your friends.

MODÈLE:
Deux cheeseburgers, deux frites,
un Coca et un milk-shake à la vanille.

1.

2.

 Le savez-vous?

Many French people complain about the increased presence of *franglais* on television, in the newspaper, and on the streets. What is *franglais*?

a) a slang spoken and understood mainly by high school students.

b) a language spoken on some islands between France and England.

c) the large number of words from American English that have found their way into the French language.

réponse

Reprise

B. **Ils habitent à. . . , mais ils sont de. . .** The French **lycée** *(high school)* students are very interested in the backgrounds of you and your fellow American students. Using the cities given below, explain where the following people live and where they come from.

> MODÈLE: Neil / Louisville / Chicago
> — *Est-ce que Neil est de Louisville?*
> — *Non, il habite à Louisville, mais il est de Chicago.*

c

1. Carolyn / Los Angeles / San Francisco
2. tu / Minneapolis / Philadelphia
3. vous / Denver / Nashville
4. Janet et Pat / Dallas / Atlanta
5. Josh / Boston / Indianapolis

Structure

Adjectives of nationality

Jacques est **français.**	Bernard et Yves sont **canadiens.**
Jacques is *French.*	Bernard and Yves are *Canadian.*
Claire est **française.**	Yvette et Simone sont **canadiennes.**
Claire is *French.*	Yvette and Simone are *Canadian.*

In French, adjectives agree in *gender* (masculine or feminine) and *number* (singular or plural) with the person or thing to which they refer.

1. Some adjectives have identical masculine and feminine forms:

Il est **belge.**	He is *Belgian.*	Elle est **belge.**	She is *Belgian.*
Il est **russe.**	He is *Russian.*	Elle est **russe.**	She is *Russian.*
Il est **suisse.**	He is *Swiss.*	Elle est **suisse.**	She is *Swiss.*

2. Many adjectives have a feminine form that consists of the masculine form + **-e:**

Il est **français**.	Elle est **française**.
Il est **anglais**.	Elle est **anglaise**.
Il est **américain**.	Elle est **américaine**.
Il est **mexicain**.	Elle est **mexicaine**.
Il est **allemand** *(German)*.	Elle est **allemande**.
Il est **espagnol** *(Spanish)*.	Elle est **espagnole**.
Il est **japonais** *(Japanese)*.	Elle est **japonaise**.
Il est **chinois** *(Chinese)*.	Elle est **chinoise**.
Il est **sénégalais** *(Senegalese)*.	Elle est **sénégalaise**.

Here are some additional adjectives of nationality. You are not expected to know all of these; pick out those that apply to you or that have some importance for you:

algérien(ne), argentin(e), australien(ne), autrichien(ne) *(Austrian)*, **combodgien(ne), danois(e)** *(Danish)*, **estonien(ne), grec(-que), indien(ne), irakien(ne), iranien(ne), irlandais(e), israélien(ne), laotien(ne), latvien(ne), libanais(e)** *(Lebanese)*, **lithuanien(ne), marocain(e), norvégen(ne), philippin(e), polonais(e)** *(Polish)*, **saoudien(ne)** *(Saudi)*, **suédois(e)** *(Swedish)*, **tunisien(ne), turc(-que), vénézuélien(ne).**

3. Finally, some adjectives have a feminine form that consists of the masculine form + **-ne**:

Il est **haïtien**.	Elle est **haïtienne**.
Il est **italien**.	Elle est **italienne**.
Il est **canadien**.	Elle est **canadienne**.
Il est **égyptien**.	Elle est **égyptienne**.
Il est **vietnamien**.	Elle est **vietnamienne**.

4. To form the plural of all these adjectives, simply add **-s** to the masculine or feminine singular form. If the singular form already ends in **-s**, the singular and the plural are the same:

Ils sont **allemands**.	Elles sont **chinoises**.
Ils sont **français**.	Elles sont **italiennes**.

Application

C. **Et Roger?** Answer the questions according to the model. In the first six items, the first person is female and the second is male.

MODÈLE: Jacqueline est française. Et Roger?
           Il est français aussi.

1. Janet est américaine. Et Tom?
2. Sophia est italienne. Et Vittorio?
3. Olga est russe. Et Boris?
4. Fatima est égyptienne. Et Ahmed?
5. Miko est japonaise. Et Yoshi?
6. Juanita est mexicaine. Et Artemio?

SPECIALITES ESPAGNOLES

LE CHOUCHENN
14, RUE PORTE AU BERGER
14000 CAEN - TEL : 31.43.80.48
• Dans la rue piétonne, quartier du Vaugueux, spécialités Espagnoles : Paëlla Valencienne, Paëlla poisson, fruits de mer, Paëlla Marinera avec 1/2 langouste, ses Gambas flambés et cal-mars, etc.

Now the first person is male and the second is female.

MODÈLE: Paul est américain. Et Linda?
          Elle est américaine aussi.

7. Harold est anglais. Et Priscilla?
8. Maurice est canadien. Et Jeanne-Marie?
9. Gunther est allemand. Et Helga?
10. Tchen est chinois. Et Sun?
11. Alfred est suisse. Et Jeannette?
12. Yves est français. Et Mireille?

D. **Les nationalités.** You are with a group of young people from all over the world. Find out their nationalities by making the indicated assumption and then correcting your mistake.

MODÈLE: Marguerite — portugais / New York
          — *Est-ce que Marguerite est portugaise?*
          — *Mais non, elle est de New York.*
          — *Ah, bon. Elle est américaine.*
          — *C'est ça. Elle est américaine.*

1. Monique — suisse / Paris
2. Lin-Tao *(m.)* — japonais / Pékin
3. Francesca — mexicain / Rome
4. Jean-Pierre — belge / Québec
5. Verity — américain / Londres
6. Fumiko et Junko *(f.)* — égyptien / Tokyo
7. Juan et Pablo — espagnol / Guadalajara
8. Natasha et Svetlana *(f.)* — canadien / Moscou
9. Eberhard *(m.)* et Heidi — suisse / Berlin

Structure

Nouns of profession

Most nouns that refer to work or occupation follow the same pattern as adjectives of nationality.

1. Some nouns have identical masculine and feminine forms:

Il est **secrétaire.**	Elle est **secrétaire.**
Ile est **médecin.**	Elle est **médecin.**
Il est **professeur** *(teacher).*	Elle est **professeur.**
Il est **ingénieur** *(engineer).*	Elle est **ingénieur.**
Il est **élève** *(student).*	Elle est **élève.**

2. Some nouns have a feminine form that consists of the masculine form + **-e:**

Il est **avocat** *(lawyer).*	Elle est **avocate.**
Il est **étudiant** *(college student).*	Elle est **étudiante.**

Here are some additional professions:

agent immobilier
  (real estate agent),
banquier, commerçant(e)
  (retailer),
commercial(e)
  (traveling salesperson),
gérant(e) *(manager),*
infirmier(ère) *(nurse),*
ouvrier(ère) *(factory worker),*
policier(ère),
pompier,
programmeur
  (programmeuse),
vendeur (vendeuse)
  (salesperson).

3. Other nouns have a feminine form that consists of the masculine form + **-ne:**

Il est **mécanicien** *(mechanic).*	Elle est **mécanicienne.**
Il est **pharmacien** *(druggist).*	Elle est **pharmacienne.**

4. Nouns of profession, like adjectives of nationality, form the plural by adding **-s** to the masculine or feminine singular:

Ils sont **avocats.**	Elles sont **professeurs.**
Ils sont **mécaniciens.**	Elles sont **étudiantes.**

Application

E. **Voilà Monsieur Chevalier. Il est avocat.** You and a friend are attending a function with your parents. You point out to your friend various acquaintances of your parents and state their professions.

MODÈLES: Monsieur Chevalier / avocat
Voilà Monsieur Chevalier. Il est avocat.

M. et Mme Richard / pharmacien
Voilà Monsieur et Madame Richard. Ils sont pharmaciens.

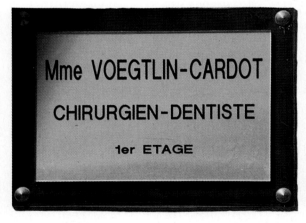

1. Monsieur et Madame Aubert / médecin
2. Madame Forestier / professeur
3. Madame Longin / avocat
4. Monsieur Cordier / pharmacien
5. Monsieur Dumoulin / avocat
6. Nicole / élève dans un lycée
7. Patrick / élève dans un lycée
8. Georges Denis / secrétaire
9. Madame Beaujour / ingénieur
10. Mademoiselle Jacquier / mécanicien
11. Monsieur Gautier / mécanicien
12. Catherine Raymond et Jeanne Duval / étudiant

F. **Est-ce que tu voudrais être avocat(e)?** From the following list, choose several careers or jobs that you would like and several that you would not like.

MODÈLE: *Je voudrais être médecin, mais je ne voudrais pas être*
          avocat(e).

1. architecte
2. comptable *(accountant)*
3. dentiste
4. avocat(e)
5. journaliste
6. professeur
7. secrétaire
8. pharmacien(ne)

9. homme (femme) d'affaires
   (businessman, businesswoman)
10. mécanicien(ne)
11. ingénieur
12. musicien(ne)
13. agriculteur (-trice) *(farmer)*
14. acteur (actrice)
15. astronaute

Débrouillons-nous!

(Petite révision de l'étape)

G. **Au Quick.** You and two friends decide to have lunch at a nearby Quick
    fast-food restaurant. You talk about what you will eat. Then one of you
    places the order. While eating, each of you notices an acquaintance from
    another country. You each point this person out to your friends and tell
    them something about him/her.

Question: Why do you think a
French ad would feature an
American football player? What
is this publicity gimmick? Why
might French young people be
persuaded by this ad?

Lexique

Thèmes et contextes

Les nationalités

allemand(e)
américain(e)
anglais(e)
belge
canadien(ne)
chinois(e)
égyptien(ne)
espagnol(e)
français(e)
haïtien(ne)
italien(ne)
japonais(e)
mexicain(e)
portugais(e)
russe
sénégalais(e)
suisse
vietnamien(ne)

Les professions

un(e) astronaute
un acteur(-trice)
un(e) architecte
un(e) avocat(e)
un(e) comptable
un(e) dentiste
un(e) élève
un(e) étudiant(e)
un(e) agriculteur(-trice)
un homme (une femme) d'affaires
un ingénieur
un(e) journaliste
un(e) mécanicien(ne)
un médecin
un(e) pharmacien(ne)
un professeur
un(e) secrétaire

Quelque chose à manger

des frites *(f. pl.)*
un milk-shake au chocolat
                    à la vanille

Vocabulaire général

Noms

un lycée

Verbes

être

Autres expressions

à
Ah, bon.
C'est ça.
C'est chouette, ça!
de
mais
mais non
Pourquoi pas?

spizza 30'

AMERICAN PIZZA

LA CARTE : COMPOSEZ VOTRE SPIZZA

	1 pers. JUNIOR	2/3 pers. SUPER	4/5 pers. MEGA
SIMPLE tomate, fromage, origan	36 F	48 F	72 F
PAR GARNITURE EN PLUS :	6 F	8 F	12 F
SUPREME : 8 garnitures pour le prix de 5	66 F	88 F	132 F

GARNITURES AU CHOIX :

épaule	champignons	câpres	œuf
pepperoni	poivrons	artichauts	thon
bœuf épicé	oignons	olives noires	anchois
double fromage		ananas	

SAUCE PIQUANTE OU COUVERTS offerts gratuitement sur demande

FIFTY-FIFTY : vous pouvez commander des garnitures différentes sur chaque moitié de votre Spizza Super ou Mega

Ouvert 7 jours sur 7 de 11 h à 14 h 30 et de 18 h 30 à 23 h. Chèques et titres restaurants acceptés. LIVRAISON GRATUITE.

CONSERVEZ CE MENU PRES DE VOTRE TELEPHONE

42.21.90.90

LIVREE CHAUDE EN 30 MINUTES

MISE AU POINT

LECTURE: *La Dauphine vous propose*

Here is a list of items served in a café called **La Dauphine.** Because you would rarely order more than two or three items to eat and drink, it is not really necessary to understand every single item on the list when you try to read the menu. What you *can* do, however, is to use the French you already know as well as your general knowledge to try to recognize or figure out as many items as you can. Study the menu below, then do the exercises that follow.

La Dauphine Vous Propose

Plats Chauds

CROQUE-MONSIEUR	15F
CROQUE-MADAME	18F
OMELETTE JAMBON OU FROMAGE	18F
OMELETTE MIXTE	22F
HOT DOG	15F
FRANCFORT FRITES	22F

Sandwiches

JAMBON OU GRUYÈRE OU PÂTÉ	8F
AMÉRICAIN: crudités et jambon	22F

Salades

SALADE NATURE	15F
SALADE DE TOMATES	22F
CAROTTES RÂPÉES	16F
SALADE DE CONCOMBRES	22F

Boissons

COCA-COLA	12F
JUS DE FRUITS	12F
JUS PRESSÉS	14F
EAUX MINÉRALES	10F
CAFÉ	5F25
CRÈME	12F
CHOCOLAT	12F
THÉ LAIT OU CITRON	12F
THÉS AROMATISÉS	12F
CAFÉ VIENNOIS	20F
CHOCOLAT VIENNOIS	20F
CAPPUCCINO	18F

Compréhension

A. The members of your family, who are traveling in France with you, do not speak French at all. They tell you what they would like to eat or drink, and you tell them what they should order and how many francs it will cost.

1. I'm not very hungry. All I want is a cup of espresso.
2. I can't eat meat. I want something with cheese.
3. I'm really thirsty. I'd like a nice glass of lemonade.
4. Can I have a ham and cheese omelet?
5. Is it possible to get just a plain lettuce salad?

B. **Devinez!** *(Guess!)* You are more adventuresome than your relatives, so you decide to try an item whose name you don't recognize. If you were to order each of the following items, what do you think you would get?

1. un sandwich américain
2. un crème
3. un francfort frites

4. une salade de concombres
5. des carottes râpées
6. un chocolat viennois

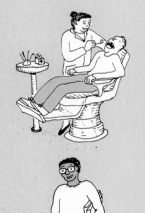

Le Marais
RESTAURANT-BAR-HOTEL
MENU 41 F
3 entrées au choix
3 plats chauds au choix
ou plat du jour
Plateau fromages
Desserts
12, rue de la Libération
VARAVILLE ☎ 31 91 25 18

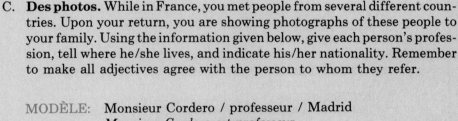

Reprise

C. **Des photos.** While in France, you met people from several different countries. Upon your return, you are showing photographs of these people to your family. Using the information given below, give each person's profession, tell where he/she lives, and indicate his/her nationality. Remember to make all adjectives agree with the person to whom they refer.

MODÈLE: Monsieur Cordero / professeur / Madrid
Monsieur Cordero est professeur.
Il habite à Madrid. Il est espagnol.

1. Michael Frye / avocat / Londres
2. Madame Sebastiani / médecin / Rome
3. Natasha Fedchenko / mécanicien / Moscou
4. Jean-Yves Péronnet / étudiant / Paris
5. Monsieur Dalbach / ingénieur / Munich
6. Janine Néel / élève dans un lycée / Bordeaux
7. Li Ping *(f.)* / dentiste / Shanghai
8. Susan Yaeger / étudiant / Pittsburgh

D. **Je te présente. . .** You and your partner decide on new identities—that is, a new name, nationality, and city of origin for each of you. Introduce your partner to several other people in the class, following the model below. Then have your partner introduce you to a different group of people.

MODÈLE: ÉLÈVE A: *Barbara, je te présente Henri.*
             ÉLÈVE C: *Bonjour, Henri.*
             ÉLÈVE B: *Bonjour, Barbara.*
             ÉLÈVE C: *Henri, tu es français?*
             ÉLÈVE B: *Non, je suis canadien.*
             ÉLÈVE A: *Oui, il est de Montréal.*

— *Pierre, tu es français?*
— *Non, je suis suisse!*

Révision

In this **Révision,** you will review:

- food vocabulary;
- regular **-er** verbs;
- questions and responses;
- the irregular verb **être;**
- adjectives of nationality;
- names of professions.

Le café, la briocherie et le fast-food

E. **On prend quelque chose.** For each of the drawings, indicate
where the people are and what they are eating and drinking.

1.

2.

3.

Regular *-er* verbs

je travaille	nous travaillons
tu travailles	vous travaillez
il, elle, on travaille	ils, elles travaillent

Questions

Tu voyages beaucoup?
Est-ce que tu voyages
 beaucoup?
Tu voyages beaucoup,
 n'est-ce pas?

Responses

Oui, je voyage beaucoup.
Non, je **ne** voyage **pas**
 beaucoup.

F. **La ronde de questions.** *(The question circle.)* Using one of the suggested cues, each student in the group plays the role of questioner. Ask questions of one person **(tu)** or two people **(vous).** The other members of the group respond according to what they know or hear.

MODÈLE: parler espagnol
 JEANNE: *Éric, tu parles espagnol?*
 ÉRIC: *Oui, je parle espagnol.*
 JEANNE: *Mary et Frank, vous parlez espagnol?*
 MARY, FRANK: *Non, nous ne parlons pas espagnol.*

1. chanter bien
2. manger beaucoup
3. habiter à...
4. aimer danser
5. travailler
6. parler allemand

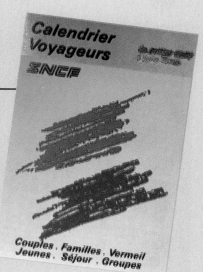

The irregular verb *être*

je **suis**	nous **sommes**
tu **es**	vous **êtes**
il, elle, on **est**	ils, elles **sont**

Adjectives of nationality

m.	*f.*
suisse	suisse
français	française
italien	italienne

Names of professions

m.	*f.*
élève	élève
avocat	avocate
pharmacien	pharmacienne

G. **Un festival international.** At an international meeting of young people, the organizers call the roll of nations to find out who is there. When a country's name is called, various people identify themselves or other people as coming from that country.

MODÈLE: l'Italie (Bruno / Francesca / nous)
Bruno est italien. Francesca est italienne. Nous sommes italiens.

1. la Suisse (Jean-Pierre / Hélène et moi, nous / Gunther)
2. le Canada (Marguerite / moi, je / Vincent et Jean-Yves)
3. les États-Unis *(United States)* (vous / Ralph et John / Kathy et Erin)
4. l'Allemagne (Otto et Helga / toi, tu / Marlene)
5. la Chine (Su Su *[m.]* / Li Yan *[f.]* / nous)
6. l'Angleterre (Jill / Alan et Graham / Marsha et Beverly)

H. **En attendant à l'aéroport.** *(Waiting at the airport.)* While waiting for a plane at an international airport, you and your friend take turns guessing the nationalities and professions of various people. After making your guesses, one of you goes up to the person(s) and finds out the correct information. Play the role indicated on the card your teacher gives you.

MODÈLE: — *À mon avis* (in my opinion)*, elle est italienne et elle est avocate.*
— *Pardon, Madame. Vous êtes italienne?*
— *Non, je suis espagnole. Je suis de Madrid.*
— *Vous travaillez à Madrid?*
— *Oui, je suis avocate à Madrid.*

Point d'arrivée

(Activités orales et écrites)

I. **Au café.** You and a friend meet at a café after school. You greet each other and order something to eat and/or drink. Then another friend arrives. Introduce him/her to your first friend. The two people who have just met try to get better acquainted by asking each other questions. Don't forget to have the third person order something also.

J. **On mange quelque chose?** While downtown on a Saturday afternoon, you and a friend run into one or more other classmates. You are hungry. Therefore, you try to get people interested in going somewhere (café, fast-food restaurant, **briocherie**) for something to eat. When you have decided, go to the place and order your food. (If you can't all agree, split into smaller groups, say good-bye, and go off to the place of your choice.)

K. **Une présentation.** Question another student in order to introduce him/her to the class. Find out (1) his/her nationality, (2) where he/she is from, (3) where he/she lives now, (4) what languages he/she speaks, (5) whether he/she likes to sing, dance, travel, etc., and (6) what kinds of snack food he/she eats. Don't try to translate your questions literally from English to French. Instead, use the French you have learned to find a way to get the needed information. When you have finished, present the student to the class.

MODÈLE: *Je vous présente Anita. Elle est américaine. Elle habite à Providence, mais elle est de Manchester...*

L. **Qui suis-je?** Assume the identity of an international celebrity—actor or actress (**acteur, actrice**), political figure (**homme politique, femme politique**), or author (**auteur**). Give a short description of yourself—your nationality, where you are from, where you live, and what you like to do, eat, etc. Your classmates will try to guess your identity. (Limit yourself as much as possible to words and structures you have studied in this first unit.)

Mireille Loiseau

Je suis parisienne. Je suis élève au lycée Fénelon. J'aime beaucoup manger, mais pas au fast-food. Je préfère aller au café ou à la briocherie.

Unité 2
On fait connaissance

On fait connaissance: People get to know each other

Objectives

In this unit, you will learn:

- to talk about your possessions;
- to express your likes and dislikes;
- to describe your family;
- to read a short descriptive text about people;
- to understand people talking about themselves and their families.

Chapitre quatre: **C'est à toi, ça?**
Première étape: Ce que j'ai avec moi aujourd'hui
Deuxième étape: Ce que j'ai chez moi
Troisième étape: Chez nous

Chapitre cinq: **Moi, j'aime beaucoup ça!**
Première étape: Mes goûts
Deuxième étape: Mes préférences

Chapitre six: **Voici ma famille**
Première étape: J'habite avec. . .
Deuxième étape: J'ai une famille nombreuse

Michel Maillet
Aix-en-Provence
France

Chapitre 4
C'est à toi, ça?

— C'est à toi, ça, Michel?
— Oui, c'est mon ordinateur.

PREMIÈRE ÉTAPE

Point de départ
Ce que j'ai avec moi aujourd'hui

• •

Pour aller en classe, j'ai

un sac (à main)

un portefeuille

un sac à dos

un carnet

un cahier

un livre

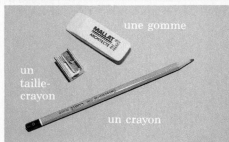

une gomme

un taille-crayon

un crayon

rice

un feutre

un stylo

Ce que j'ai avec moi aujourd'hui: What I have with me today

(in order) to go to class, I have

Supplementary vocabulary:

une trousse *(pencil case);*
un classeur *(filing cabinet);*
un trombone *(paper clip);*
une feuille de papier *(sheet of paper)*
un cartable *(briefcase)*
une sacoche *(satchel, bag)*

À vous!

A. Qu'est-ce que c'est? *(What is it?)* Identify each object in the drawing.

MODÈLE: *C'est un crayon.*

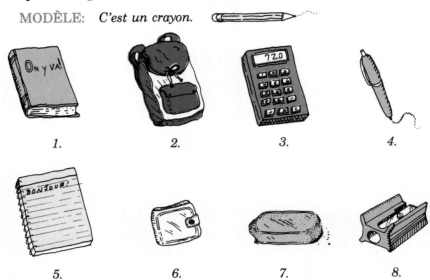

1.   2.   3.   4.

5.   6.   7.   8.

B. Mais non. . . Correct the initial assumption on the basis of the drawings.

MODÈLE:

C'est un livre?
Non, ce n'est pas un livre. C'est un cahier.

1. C'est un stylo?   2. C'est un sac à dos?   3. C'est un cahier?

4. C'est un crayon?   5. C'est un taille-crayon?   6. C'est un sac à main?

Structure

The present tense of the irregular verb **avoir**

J'ai deux stylos.	*I have two ballpoint pens.*
Est-ce que vous avez un cahier?	*Do you have a notebook?*
Nous n'avons pas de gomme.	*We don't have an eraser.*
Elles n'ont pas d'ordinateur.	*They don't have a computer.*

The verb **avoir** *(to have)* is irregular. Here are its conjugated forms:

avoir	
j'**ai**	nous **avons**
tu **as**	vous **avez**
il, elle, on **a**	ils, elles **ont**

In a negative sentence, the indefinite articles **un** and **une** change to **de** (**d'** before a vowel or silent **h**). This often occurs with the verb **avoir**:

J'ai **un** portefeuille.	Je **n'**ai **pas de** portefeuille.
Bruno a **une** calculatrice.	Bruno **n'**a **pas de** calculatrice.

Application

C. Replace the subject in italics and make the necessary changes.

1. *Luc* a deux stylos. (Alex / nous / je / Irène et Claude / tu / ils)
2. Est-ce que *François* a un taille-crayon? (tu / Élisabeth / vous / on / Jean-Luc ou André[1])
3. *Ils* n'ont pas de calculatrice. (elle / tu / nous / je / on / elles / Éric)

D. **Écoute, tu as. . . ?** *(Listen, do you have. . .?)* Each time that you ask whether one of your classmates has something, you learn that he/she does not have it but does have something else.

MODÈLE: Est-ce que Philippe a un crayon?
Non, il n'a pas de crayon, mais il a un feutre.

1. Est-ce que Nathalie a un sac à main? (un sac à dos)
2. Est-ce que Jean-Jacques a un carnet? (un cahier)
3. Est-ce que tu as un feutre? (un stylo)
4. Est-ce que Monique ou Didier ont un taille-crayon? (trois crayons)
5. Est-ce que vous avez une calculatrice? (un crayon)
6. Est-ce que Madeleine a un sac à main? (un portefeuille)

[1]In French, two nouns connected by **ou** *(or)* are treated as a plural; therefore, use the **ils, elles** form of the verb—**Marc ou Chantal ont (sont, parlent,** etc.).

Note grammaticale

The idiomatic expression **avoir besoin de**

Many common French idiomatic expressions use the verb **avoir.** Usually, these expressions cannot be translated word for word. Instead, you must learn the meaning of the entire expression. For example, the expression **avoir besoin de** is the equivalent of the English verb *to need:*

J'ai besoin d'un taille-crayon.   *I need* a pencil sharpener.
Nous avons besoin d'un carnet?   *Do we need* a notepad?

Note: Remember that **de** changes to **d'** before a vowel sound.

J'ai besoin d'*une calculatrice.*

E. **Pour aller en classe, on a besoin de. . .** On the basis of the drawings, indicate what the students need to go to class.

MODÈLE: Pour aller en classe, Anne-Marie. . .
Pour aller en classe, Anne-Marie a besoin d'un sac à dos et d'un sac à main.

1. Pour aller à la classe de français, Danielle. . .

2. Pour aller à la classe de mathématiques, Serge et Michèle. . .

3. Pour aller à la classe d'anglais, moi, je. . .

4. Pour aller à la classe de physique, nous. . .

5. Pour aller à la classe de biologie, Jean-François. . .

 Le savez-vous?

In France, students attend the *lycée* from the age of _____ to the age of _____.

a) 5/16
b) 12/18
c) 15/19

réponse

F. **Moi, j'ai besoin d'un(e). . .** Indicate that you need one of the following items. Then ask a classmate if he/she has one. Your classmate may answer affirmatively or may refer you to someone else.

MODÈLE: crayon
    ÉLÈVE A: *J'ai besoin d'un crayon. Joan, est-ce que tu as un crayon?*
    ÉLÈVE B: *Oui, j'ai un crayon.* or:
    Non, je n'ai pas de crayon, mais Paul a un crayon.

1. un stylo
2. une calculatrice
3. un feutre

4. une gomme
5. un taille-crayon
6. un carnet

Débrouillons-nous!

 c

G. **Moi, j'ai... Et toi?** Compare the items that you brought to school and class today with the items brought by one or two of your classmates.

DEUXIÈME ÉTAPE

Point de départ
Ce que j'ai chez moi

Ce que j'ai chez moi: What I have at my house

• •

Frédérique Bayard et Jean-Jacques Vidal sont élèves dans un lycée à Amiens.

in my (bed)room

Dans ma chambre, j'ai

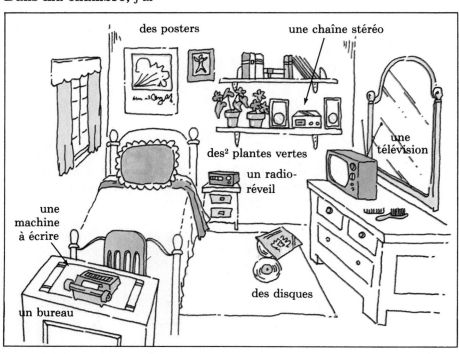

Frédérique Bayard

²**Des** *(some)* is the plural form of **un** or **une.** This structure will be explained more fully later in this **étape.**

Dans ma chambre, j'ai

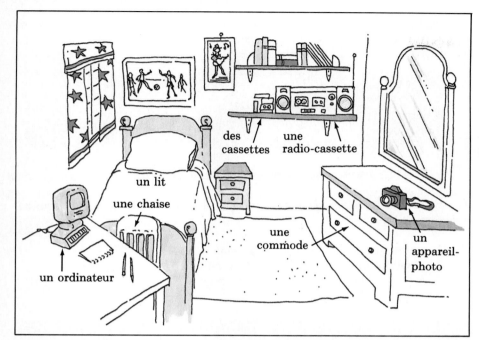

Jean-Jacques Vidal

À vous!

A. **Qui a. . . ?** Based on the pictures, answer the following questions about Frédérique's and Jean-Jacques' rooms.

MODÈLES:　Qui a une télévision?
Frédérique a une télévision.

Qui a une chaise?
Frédérique et Jean-Jacques ont une chaise.

1. un ordinateur?
2. une radio-cassette?
3. un radio-réveil?
4. un lit?
5. une chaîne stéréo?
6. des posters?
7. une machine à écrire?
8. un appareil-photo
9. des cassettes?
10. des disques?
11. des plantes vertes?

Supplementary vocabulary:

des coussins *(m.) (cushions);*
un animal en peluche
　(stuffed animal);
une lampe *(lamp);*
une armoire *(wardrobe, closet);*
un miroir *(mirror);*
une fenêtre *(window);*
un tapis *(carpet);*
une porte *(door);*
un placard *(closet);*
une table de nuit *(night table);*
des rideaux *(m.) (curtains)*

B. **Et vous?** Indicate what you have and do not have in your room at home.

MODÈLE:　*Dans ma chambre, j'ai un lit et une chaise, mais je n'ai pas de bureau. J'ai des posters au mur (on the wall). . .*

~~~~~~~~~~~~~~~~~~~~~~~~

PRONONCIATION: *The combination* **qu**

In English, the combination *qu* is usually pronounced **[kw]:** *quote, quick, request.* In French, the combination **qu** is always pronounced **[k]**, and the **u** is silent. Notice the difference between:

English	French
Quebec	Québec
sequence	séquence

Pratique

C. Read each word aloud, being careful to pronounce the **qu** sound combination as **[k].**

1. est-ce que
2. croque-monsieur
3. qu'est-ce que
4. quelque chose
5. Jacqueline
6. Véronique
7. disque
8. critique
9. Québec

(handwritten, left margin) Croque-Monsieur

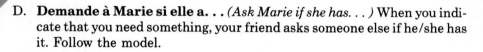

Reprise

D. **Demande à Marie si elle a. . .** *(Ask Marie if she has. . .)* When you indicate that you need something, your friend asks someone else if he/she has it. Follow the model.

MODÈLES: feutre / Marie / oui
      ÉLÈVE A: *J'ai besoin d'un feutre.*
      ÉLÈVE B: *Marie, tu as un feutre?*
      ÉLÈVE C: *Oui, j'ai un feutre.*

           cahier / Marc et Pierre / non
      ÉLÈVE A: *J'ai besoin d'un cahier.*
      ÉLÈVE B: *Marc et Pierre, vous avez un cahier?*
      ÉLÈVE C: *Non, nous n'avons pas de cahier.*

1. taille-crayon / Guy / oui
2. calculatrice / Sophie et Mireille / non
3. gomme / Michel et Nicolas / oui
4. stylo / Annie / non
5. livre / Roger / oui
6. crayon / Dominique et Jean-Yves / non

Structure

The indefinite article *des*

Vous avez **des** amis à Paris?	Do you have friends in Paris?
Oui, j'ai **des** amis à Paris.	Yes, I have *(some)* friends in Paris.
Non, je n'ai pas **d'**amis à Paris.	No, I don't have *(any)* friends in Paris.
Tu as **des** disques?	Do you have *any* records?
Oui, mais j'ai besoin **de** cassettes aussi.	Yes, but I need *some* cassettes, also.

The plural form of the indefininte articles **un** and **une** is **des. Des** is the equivalent of the English words *some* or *any*. French requires the use of **des** in cases where English does not use an article because *some* or *any* is understood:

J'ai **des** posters.	I have *(some)* posters.
Est-ce que tu as **des** plantes vertes dans ta chambre?	Do you have *(any)* plants in your room?

After the verb **avoir** in the negative form, and after the expression **avoir besoin, des** becomes **de** or **d':**

Elles n'ont pas **de** livres.	They don't have *any* books.
Nous avons besoin **de** posters.	We need *some* posters.

Application

E. Make each expression plural, being careful to make a liason when **des** precedes a vowel.

MODÈLE: un livre   *des livres*

1. un cahier
2. un disque
3. une cassette
4. une calculatrice
5. une gomme
6. un lit
7. une plante verte
8. un ami
9. une amie
10. un ordinateur
11. une omelette
12. un sandwich

F. **Oui, et j'ai des . . . aussi.** When you ask whether someone has something, you are told that they do and that they have something else also.

> MODÈLE: Est-ce que tu as des crayons? (stylos)
> *Oui, j'ai des crayons et j'ai des stylos aussi.*

1. Est-ce que tu as des disques? (cassettes)
2. Est-ce que Jean-Paul a des livres? (cahiers)
3. Est-ce que vous avez des plantes vertes? (posters)
4. Est-ce que Michèle et Dominique ont des crayons? (feutres)
5. Est-ce que tu as des sandwichs? (boissons)

G. **Tu as besoin de disques?** Ask a classmate if he/she needs the following items. He/she will answer yes and explain that he/she doesn't have any at the moment.

> MODÈLE: disques
> — *Tu as besoin de disques?*
> — *Oui, parce que je n'ai pas de disques en ce moment* (now).

1. clés	3. posters	5. cahiers
2. cassettes	4. plantes vertes	6. stylos

Note grammaticale

---

*The expressions **il y a** and **voilà**[3]*

The expressions **il y a** and **voilà** both are the equivalent of *there is* or *there are* in English. Both expressions are invariable—that is, they have only one form:

Il y a un livre dans ma chambre.	*There is* a (one) book in my room.
Il y a trois livres dans ma chambre.	*There are* three books in my room.
Voilà un livre.	*There is* a book.
Voilà des livres.	*There are* some books.

Il y a is used to state that a person, place, or thing exists. It does not necessarily mean that the item in question can be seen from where you are

---

[3]**Voilà** has a companion expression, **voici** *(here is, here are)*. **Voici une calculatrice** (near the speaker). **Voilà une maison** (away from the speaker).

standing. **Voilà** is used to point out the location of a person, place or thing. It is usually intended to get someone to look in that direction.

Il y a une souris dans la chambre!

Voilà la souris!

Dans ma chambre **il y a** un lit, un bureau et une chaise.	In my room, *there is* a bed, a desk, and a chair. (They exist.)
Voilà un bureau et une chaise.	*There are* a desk and a chair. (They are located nearby. Look at them.)

The negative of **il y a un (une, des)** is **il n'y a pas de:**

Il n'y a pas d'ordinateur dans ma chambre.
Il n'y a pas de disques ici. *(here).*

Voilà does not have a negative form.

H. **La chambre d'Hélène.** First, indicate whether each item is or is not found in the room pictured.

MODÈLE: un sac à dos
Dans la chambre d'Hélène il y a un sac à dos.

des disques
Il n'y a pas de disques.

un lit	des livres
des posters	des crayons et des stylos
une chaise	un bureau
des cassettes	des plantes vertes
un ordinateur	une machine à écrire
une télévision	un radio-réveil
une chaîne stéréo	des cahiers

Now, point out to another student those items that are in the room.

MODÈLE: *Voilà un lit. Voilà des plantes vertes. Etc.*

Note grammaticale

*The idiomatic expressions **avoir faim** and **avoir soif***

Two expressions that you'll find quite useful are **avoir faim,** *to be hungry,* and **avoir soif,** *to be thirsty.* Note that in these idiomatic expressions, **avoir** translates as *to be* rather than *to have.*

Tu as faim?
Je n'ai pas faim, mais **j'ai très soif.**

Are you hungry?
I'm not hungry, but *I'm very thirsty.*

J'ai faim.

J'ai soif.

I. **Tu as faim? Tu as soif?** When you see a place to get something to eat or drink, you point it out and ask your friend if he/she is hungry or thirsty. When your friend answers affirmatively, you talk about what you will have. Follow the model.

MODÈLE: un café / avoir soif / quelque chose de froid *(cold)*
— *Voilà un café. Tu as soif?*
— *Oui, j'ai soif.*
— *Tu voudrais quelque chose de froid?*
— *Oui, je voudrais un Coca.*
— *Et moi, je vais prendre une menthe à l'eau.*

1. un café / avoir soif / quelque chose de froid
2. un café / avoir faim / un sandwich
3. une briocherie / avoir faim / quelque chose de sucré
4. un café / avoir soif / quelque chose de chaud *(hot)*
5. une briocherie / avoir faim / quelque chose de salé
6. un café / avoir faim / une omelette

Les desserts

Dessert du jour ....
Poire Belle-Hélène ....
Tarte maison 2.25
Au sirop d'érable, au sucre ou aux pommes 1.50
(toutes nos garnitures sont de fabrication maison)
Tarte aux pacanes ....
Fruits en coupe 1.75
Coupe glacée 1.25
Parfait à la menthe 2.00
Assiette de fromages et de fruits 3.75
(Saint-Paulin, camembert, brie, cheddar, raisins, pomme) 3.95

Au Bonnet Rouge

Débrouillons-nous!

J. **Dans ta chambre est-ce qu'il y a...?** Find out from several classmates what they have and do not have in their rooms at home.

TROISIÈME ÉTAPE

Point de départ
Chez nous

Chez nous: At our house

J'habite dans

une maison

un appartement

Here are some additional places and objects you may need to know in order to talk about yourself:

un bâtiment *(building)*
un immeuble
  (apartment building)
une bicyclette
un lecteur de disques compacts
  (CD player)
une vidéo *(a videotape)*
un vidéo-clip *(a music video)*
(in order) to go into town
(downtown)

Chez nous, nous avons

une chaîne stéréo

un magnétoscope

une télévision couleur

Pour aller en ville, nous avons

une voiture   une motocyclette   un vélomoteur   un vélo
(une auto)   (une moto)

À vous!

A. **Chez vous.** Answer the following questions about where you live.

1. Est-ce que vous habitez dans une maison ou dans un appartement?
2. Est-ce que vous avez une chaîne stéréo chez vous? une télévision couleur? un magnétoscope? un ordinateur?
3. Qu'est-ce que vous avez pour aller en ville—une voiture? un vélo? un vélomoteur? une motocyclette?

	1973	1981	1988
• Téléviseur	86	93	96
dont :			
- *un seul poste*	*	*83*	*71*
- *plusieurs postes*	*	*10*	*24*
- *un poste couleur*	9	*52*	*86*
• Magnétoscope	*	2	25
• Chaîne hi-fi	8	29	56
• Electrophone	53	53	31
• Magnétophone	15	54	40
• Appareil photo	72	78	83
• Caméra	12	15	9
• Caméscope	*	*	2
• Instrument de musique	33	37	40
• Baladeur	*	*	32
• Livres	73	80	87
• Disques	62	69	74
• Disques compacts	*	*	11
• Cassettes son	*	54	70
• Cassettes vidéo	*	*	24

un magnétoscope

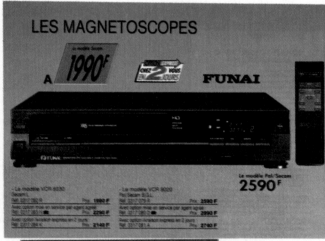

LES MAGNETOSCOPES

LES CAMESCOPES

un caméoscope

un baladeur

B. **Christine, Bertrand et Antoinette.** On the basis of the drawings, complete each person's description of where he/she lives.

1. Je m'appelle *(my name is)* Christine Devise. J'habite dans. . .Chez nous il y a. . .et. . . , mais nous n'avons pas de (d'). . .Pour aller en ville, j'ai. . .

2. Je m'appelle Bertrand Perreaux. J'habite dans. . .Nous avons. . .et. . . Pour aller en ville, moi, j'ai. . .

3. Je m'appelle Antoinette Salanches. J'habite dans. . . aussi. Nous n'avons pas de (d'). . . , mais nous avons. . .Pour aller en ville, j'ai. . .

Reprise

C. **Échange.** Ask the following questions of a classmate, who will answer them.

1. Dans ta chambre est-ce qu'il y a des livres? des plantes vertes? des posters au mur?
2. Est-ce que tu as une chaîne stéréo? des disques? des disques de jazz? de rock? de musique classique?
3. Est-ce que tu as un radio-réveil? une radio-cassette? des cassettes?
4. Est-ce que tu as une machine à écrire? un ordinateur? un appareil-photo?
5. Tu as besoin d'un stylo? d'une calculatrice? d'un taille-crayon?
6. Tu as faim? (Qu'est-ce que tu voudrais?) Tu as soif? (Qu'est-ce que tu voudrais?)

Structure

Numbers from 0 to 10

Note that **un, une** agree with the noun they are introducing. Zero and the numbers from two through ten always stay the same.

0	**zéro**	3	**trois**	6	**six**	9	**neuf**
1	**un, une**	4	**quatre**	7	**sept**	10	**dix**
2	**deux**	5	**cinq**	8	**huit**		

When a number precedes a noun beginning with a vowel or a silent **h,** liaison occurs and the final consonant is pronounced: **cinq élèves, huit appareils.** In liaison, **x** and **s** are pronounced as **z: deux appartements, trois amis, six ordinateurs, dix omelettes.**

The final sounds of **six, huit,** and **dix** are silent before a consonant. In theory, the final sound of **cinq** is also silent before a consonant, but in practice many speakers pronounce the /k/.

Application

D. Follow the directions in French.

1. Comptez de 0 jusqu'à 10. Comptez de 10 jusqu'à 0.
2. Répétez les nombres pairs *(even):* 0, 2, 4, 6, 8, 10. Répétez les nombres impairs *(odd):* 1, 3, 5, 7, 9.

Note grammaticale

The expressions ***avoir raison*** *and* ***avoir tort***

Two more idiomatic expressions that use **avoir** are **avoir raison** *(to be right)* and **avoir tort** *(to be wrong)*:

Tu as raison: un et un font deux.	*You're right:* one and one are two.
Elle a tort: on ne parle pas français à Zurich.	*She's wrong:* they don't speak French in Zurich.

E. **Raison ou tort?** One of your classmates will do a simple arithmetic problem. Indicate whether he/she is right or wrong.

MODÈLES: 2 + 2 = ?
— *Deux et deux font quatre.*
— *Tu as raison.*

2 + 3 = ?
— *Deux et trois font six.*
— *Mais non! Tu as tort. Deux et trois font cinq!*

1. 2 + 5 = ?	2. 4 + 1 = ?	3. 7 + 3 = ?	4. 3 + 5 = ?
5. 6 + 3 = ?	6. 2 + 4 = ?	7. 8 + 2 = ?	8. 1 + 2 = ?
9. 6 + 0 = ?	10. 5 + 4 = ?		

Débrouillons-nous!

F. **Je voudrais passer le week-end chez un(e) ami(e).** *(I would like to spend the weekend at a friend's house.)* Your parents are going out of town for the weekend and do not want you to stay home alone. They have told you to ask a friend if you can spend the weekend at his/her house. In order to determine where you would like to stay, find out about your classmates' homes. For example, find out whether they live in a house or an apartment, what they have for amusement, etc.

Lexique

Thèmes et contextes

Les habitations
un appartement
une chambre
une maison

Les matériaux scolaires (school supplies)
un cahier
une calculatrice
un carnet
un crayon
un feutre
une gomme
un livre
un sac à dos
un stylo
un taille-crayon

Les moyens de transport
une auto
une moto
une motocyclette
un vélo
un vélomoteur
une voiture

Les possessions
un appareil-photo
un bureau
une cassette
une chaîne stéréo
un chat
un chien
une clé
un disque
un lit
une machine à écrire
un magnétoscope
un ordinateur
une plante verte
un portefeuille
un poster
une radio-cassette
un radio-réveil
un sac (à main)
une télévision (couleur)

Vocabulaire général

Verbes
avoir
avoir besoin de
avoir faim
avoir raison
avoir soif
avoir tort

Autres expressions
dans
il y a
pour aller en ville
voilà

Chapitre 5

Moi, j'aime beaucoup ça!

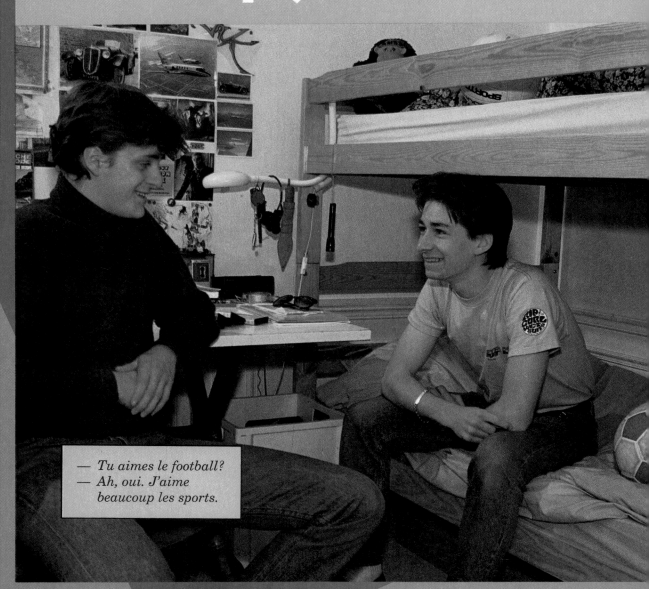

— *Tu aimes le football?*
— *Ah, oui. J'aime beaucoup les sports.*

Point de départ
Mes goûts

• •

Bonjour. **Je m'appelle** Martine. Voici Jean-Louis. C'est **mon petit ami,** mais nous avons des goûts très différents.   *my name is / my boyfriend*

Martine	Jean-Louis	
J'aime beaucoup la nature.	Moi, je déteste la nature.	
J'aime les animaux.[1]	Moi, je n'aime pas les animaux.	
Je n'aime pas les sports.	Moi, j'adore les sports.	
J'aime l'art et la musique.	Moi, je n'aime pas l'art et je n'aime pas la musique **non plus.**	*either (neither)*
J'aime bien la politique.	Moi, j'aime la politique un peu, mais pas beaucoup.	
J'étudie les **langues** et les mathématiques.	Moi, j'étudie les sciences et la littérature.	*languages*
Pourtant, j'aime bien Jean-Louis.	Et moi, j'aime bien Martine.	*however (nevertheless)*

---

[1]The singular of **animaux** is **animal: un animal, des animaux.**

À vous!

Je déteste   *Je n'aime pas*   *J'aime assez*   *J'aime*

J'aime bien   *J'aime beaucoup*   *J'adore*

A. **Il aime beaucoup la musique.** On the basis of the drawings, indicate how each person feels about the subject or activity shown.

Gérard

MODÈLE: Gérard aime beaucoup la musique.

Sylvie   *Daniel*

Christophe   *Nathalie*

Françoise   *Chantal*   *Michel*

B. Et vous? Indicate how you feel about each activity.

MODÈLE: les sports
J'aime les sports. ou:
Je n'aime pas les sports. ou:
J'aime beaucoup les sports. Etc.

1. la musique
2. la politique
3. les sports
4. les animaux
5. les sciences

6. l'art
7. la littérature
8. la nature
9. les mathématiques
10. les langues

PRONONCIATION: *The combination* **ch**

In English, the combination **ch** is usually pronounced with the hard sounds **[tch]** or **[k]**: **ch**icken, rea**ch**, **ch**aracter, ar**ch**itect. In French, the combination **ch** usually has a softer sound, much like the **sh** in the English word **sheep.** Notice the differences in the following pairs:

English	French
champion	**ch**ampion
tou**ch**	tou**ch**e
ar**ch**itect	ar**ch**itecte

Pratique

C. Read each word aloud, being careful to pronounce **ch** as **[sh]**.

1. chante
2. chose
3. Chantal
4. chinois
5. chambre

6. machine
7. chaîne
8. chef
9. chercher
10. chic

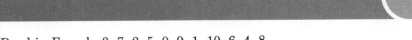

Reprise

D. Read in French: 3, 7, 2, 5, 0, 9, 1, 10, 6, 4, 8.

E. **Ma famille et moi, nous. . .** *(My family and I. . .)* Tell a classmate where you and your family live and what you own.

> MODÈLE: *Ma famille et moi, nous sommes de New York, mais nous habitons à Minneapolis. Nous habitons dans une maison. Nous avons une chaîne stéréo, une télévision couleur et un ordinateur. Nous n'avons pas de magnétoscope. Pour aller en ville, nous avons deux voitures et deux vélos.*

Structure

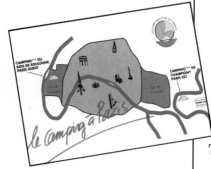

The definite article *le, la, l', les*

J'aime **le** camping.	I like camping.
Vous avez **la** clé?	Do you have *the* key?
C'est **l'**ordinateur de Pierre.	It's Pierre's computer (*the* computer belongs to Pierre)
Voici **les** disques.	Here are *the* records.

The French definite article has three singular forms and one plural form:

masculine singular	**le**	**le** livre, **le** camping, **le** professeur
feminine singular	**la**	**la** nature, **la** clé, **la** pharmacienne
masculine or feminine singular before a vowel or a vowel sound	**l'**	**l'**ordinateur, **l'**omlette, **l'**actrice, **l'**avocat
plural (masculine *or* feminine)	**les**	**les** livres, **les** clés, **les** langues

The **s** of **les** is silent. In liaison **s** is pronounced as **z.**

les ordinateurs   les omelettes   les actrices

The definite article has two main uses:

1. It may designate a noun in a general or collective sense:

*Anne aime **les sports**.*   *Anne likes* sports (all sports).

*Michel n'aime pas **la musique**.*   *Michel doesn't like* music.

2. It may also designate a noun in a specific sense. **J'ai les clés** means that I have *the* specific keys that have already been mentioned. **L'ordinateur de Pierre** refers to the particular computer that belongs to Pierre. Notice in the last example that the definite article can be used along with **de** to indicate possession *(Pierre's computer).*

*Voilà **le vélo de Josette**.*

*Voici **la motocyclette d'Henri**.*

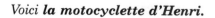

Application

F. Replace the indefinite article with the appropriate definite article **(le, la, l', les).**

MODÈLES: un cahier   *le cahier*
                  des crayons   *les crayons*

1. un café
2. une maison
3. des sandwichs
4. une omelette
5. un sac à dos
6. des plantes vertes
7. une chambre
8. une télévision

9. des disques
10. un élève
11. une élève
12. des élèves
13. une clé
14. un taille-crayon
15. des animaux

G. **J'aime les sports, mais je n'aime pas beaucoup la politique.** You and your friends are talking about what you like and dislike. In each case, indicate that the person likes the first activity or item but does not like the second one very much.

MODÈLE: je / sports / politique
           J'aime les sports, mais je n'aime pas beaucoup la politique.

1. je / nature / camping
2. Jean-Paul / musique / art
3. Henri / animaux / sciences
4. Michel et Nicole / langues / littérature
5. nous / politique / sports
6. vous / sciences / mathématiques

H. **Ça, c'est. . .** *(That's. . .)* When you and a friend stay after class one day, you notice that your other classmates have left behind several of their belongings. You show these objects to your friend, who identifies the owners. With a singular noun, use **c'est.**

MODÈLE: Voici un livre. (Béatrice)
           Ça, c'est le livre de Béatrice.

1. Voici un cahier. (Vincent)   3. Voici un feutre. (Bernard)
2. Voici une calculatrice. (Sylvaine)

With a plural noun, use **ce sont.**

MODÈLE: Voici des crayons. (Marc)
           Ça, ce sont les crayons de Marc.

4. Voici des cassettes. (Martine)   6. Voici des cahiers. (Yvonne)
5. Voici des livres. (Jean-Pierre)

Now continue, being careful to distinguish between **c'est** and **ce sont**.

7. Voici un stylo. (Michel)
8. Voici des clés. (Gérard)
9. Voici un taille-crayon. (Jean-Paul)
10. Voici une gomme. (Annick)
11. Voici des cahiers. (Pierrette)
12. Voici un sac à dos. (Mireille)
13. Voici des feutres. (Jacques)
14. Voici une cassette. (Claude)

Débrouillons-nous!

I. **Qui aime. . . ?** Choose two items from the list below and find out how your classmates feel about them.

l'art moderne / la musique classique / le jazz / la politique /
les sports / la nature / le camping / les animaux /
les sciences / les mathématiques / la littérature /
les langues

DEUXIÈME ÉTAPE

Point de départ
Mes préférences

• •

Christiane aime les films et les **pièces de théâtre.** *Qu'est-ce que vous* **aimez mieux**—*le cinéma ou le théâtre?*

plays
prefer (like better)

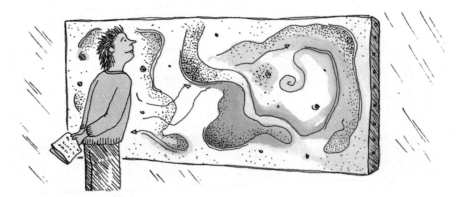

painting

*Roger aime beaucoup l'art. Qu'est-ce que vous préférez—la **peinture** ou la sculpture?*

dog / cats

*Michèle adore les animaux. Elle a un **chien** et deux **chats**. Qu'est-ce que vous aimez mieux—les chiens ou les chats?*

to look at
prefer (like the best)

*André aime beaucoup les sports. Il aime **regarder** le football à la télévision. Qu'est-ce que vous **aimez le mieux**—le football, le football américain, le basket ou le base-ball?*

*Élisabeth et Jean aiment bien la musique. Ils aiment **écouter** des disques*   to listen to
de jazz. Qu'est-ce que vous préférez—la musique populaire, le jazz, le rock
ou la musique classique?

À vous!

A. **Qu'est-ce que vous aimez mieux?** Indicate your preferences. Use both
the expression **aimer mieux** and the verb **préférer** by alternating your
answers.

MODÈLE: le football ou le basket
— *J'aime mieux le football. Et toi?*
— *Moi aussi, j'aime mieux le football.* ou:
    Moi, je préfère le basket.

1. le football américain ou le base-ball
2. les chiens ou les chats
3. la peinture ou la sculpture
4. le cinéma ou le théâtre
5. la musique populaire ou le rock
6. la musique classique ou le jazz
7. les choses sucrées ou les choses salées
8. les sandwichs ou les omelettes

BRUCE SPRINGSTEEN
168 FR
en espèces
exclusivement

Qu'est-ce que vous aimez
mieux, la musique
populaire ou le rock?

B. **Qu'est-ce que vous aimez le mieux?** When comparing more than two items, you must add the article **le** to **aimer mieux—aimer le mieux.** No change is made in the verb **préférer.** Ask two of your classmates to choose from the following sets of items.

MODÈLE: la musique classique, le jazz ou le rock
   — *Qu'est-ce que tu aimes le mieux—la musique classique, le jazz ou le rock?*
   — *Moi, j'aime mieux le rock.*
   — *Et toi?*
   — *Moi, je préfère la musique classique.*

1. le football, le football américain ou le basket
2. la peinture, la sculpture ou l'architecture
3. la musique, la danse ou le cinéma
4. la musique populaire, le funk ou le rock
5. les hamburgers, les cheeseburgers ou les fishburgers
6. les chiens, les chats ou les hamsters
7. les films d'aventure, les films d'horreur ou les films comiques
8. le tennis, le golf ou la natation *(swimming)*

Reprise

C. **À qui est . . . ?** *(Whose is . . . ?)* Identify each of the items pictured. When someone asks you to whom each belongs, respond with the name of the person indicated.

Anne-Marie

MODÈLES:

— *Voilà une voiture.*
— *À qui est la voiture?*
— *C'est la voiture d'Anne-Marie.*

Philippe

— *Voici des crayons.*
— *À qui sont les crayons?*
— *Ce sont les crayons de Philippe.*

1. Jean

2. Marcelle

3. Jacques

4. Guy

5. *Martine*   6. *Gilles*   7. *Stella*   8. *Françoise*

Structure

Possessive adjectives—first and second persons

— Tu aimes **ton** professeur?   — Do you like *your* teacher?
— Oui, j'aime **mon** professeur.   — Yes, I like *my* teacher.

— Où est **ta** chambre?   — Where is *your* room?
— Voilà **ma** chambre.   — There's *my* room.

— Tu aimes **mes** amis?   — Do you like *my* friends?
— Oui, j'aime beaucoup **tes** amis.   — Yes, I like *your* friends a lot.

— C'est **votre** maison?   — Is that *your* house?
— Non, ce n'est pas **notre** maison.   — No, that's not *our* house.

— Où sont **mes** clés?   — Where are *my* keys?
— Voici **vos** clés.   — Here are *your* keys.

Like articles, possessive adjectives in French agree with the noun they modify. Consequently, French has three forms for both *my* and *your* (familiar) and two forms for *our* and *your* (formal or plural). The following chart summarizes the first- and second-person possessive adjectives:

Subject	Masculine singular	Feminine singular	Masc. and fem. plural	English equivalent
je	mon	ma	mes	*my*
tu	ton	ta	tes	*your*
nous	notre	notre	nos	*our*
vous	votre	votre	vos	*your*

C'est mon livre.

C'est ton livre.

Ce sont nos clés.

Ce sont vos clés.

Note: With a singular feminine noun beginning with a vowel or a vowel
sound, the masculine form **mon** or **ton** is used to provide liaison.

une omelette	**mon‿omelette**
une amie	**mon‿amie**

The **s** of **mes, tes, nos,** and **vos** is silent, except before a vowel or a silent
h. Then liaison takes place: **mes clés,** but **mes‿amis.**

Application

D. Replace the noun in italics and make the necessary changes.

1. Voilà mon *vélo.* (crayon / chien / appartement)
2. Voilà ma *calculatrice.* (maison / chaîne stéréo / gomme)
3. Voilà mes *cassettes.* (disques / clés / amis)
4. Où est ta *serviette?* (maison / chambre / cahier / appareil-photo /
    portefeuille / calculatrice)

5. Où sont tes *disques?* (cassettes / posters / plantes vertes / animaux / amis)
6. Nous aimons notre *voiture.* (machine à écrire / chat / livres / amis / magnétoscope / disques / professeur)
7. Est-ce que vous avez votre *stylo?* (voiture / calculatrice / cahiers / clés / disques / sac à dos)

E. **Quelle confusion!** All of a sudden everyone seems confused about who certain things belong to. First, a stranger tries to take your school possessions, but you politely set him/her straight. Remember to use **c'est** with a singular noun and **ce sont** with a plural noun.

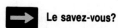 **Le savez-vous?**

MODÈLE: Ah, voici mon crayon.
Je m'excuse. Ce n'est pas votre crayon. C'est mon crayon.

1. Ah, voici mon cahier.
2. Et mon stylo.

3. Et ma calculatrice.
4. Et ma gomme.

MODÈLE: Ah, voici mes cassettes.
Je m'excuse. Ce ne sont pas vos cassettes. Ce sont mes cassettes.

5. Ah, voici mes livres.
6. Et mes clés.

7. Et mes cahiers.
8. Et mes disques.

Then your neighbors get confused between what belongs to them and what belongs to your family.

MODÈLE: C'est notre voiture?
Non, non. Ce n'est pas votre voiture. C'est notre voiture.

9. C'est notre télévision?
10. C'est notre radio-réveil?

11. C'est notre appareil-photo?

MODÈLE: Ce sont nos plantes vertes?
Non, non. Ce ne sont pas vos plantes vertes. Ce sont nos plantes vertes.

12. Ce sont nos disques?
13. Ce sont nos vélos?

14. Ce sont nos clés?

Finally, your friend thinks your possessions belong to him/her.

MODÈLE: Eh bien, donne-moi *(give me)* ma clé.
Mais non, ce n'est pas ta clé. C'est ma clé.

15. Donne-moi mon feutre.
16. Donne-moi mon carnet.

17. Donne-moi ma cassette.
18. Donne-moi ma gomme.

MODÈLE: Eh bien, donne-moi mes livres.
Mais non, ce ne sont pas tes livres. Ce sont mes livres.

19. Donne-moi mes posters.
20. Donne-moi mes disques.

21. Donne-moi mes clés.
22. Donne-moi mes cahiers.

 c

Some of the French TV channels are run by the government (A2, FR3); others are privately owned (M6, C+, TF1).

Donne-moi mes cahiers!

F. **Non, non. Ce n'est pas mon Coca!** Your classmates are being particularly difficult today. First, when you point out the foods and beverages pictured below and ask someone if they belong to him/her, that person responds negatively.

MODÈLES:

— *Voilà un Coca. C'est ton Coca?*
— *Non, non. Ce n'est pas mon Coca.*

— *Voilà des tartelettes. Ce sont tes tartelettes?*
— *Non, non. Ce ne sont pas mes tartelettes.*

1.   2.   3.

4.   5.

6.   7.   8.

Then, when you ask two people whether the objects pictured below belong to them, they continue to deny ownership.

MODÈLES:

— *Voilà un appareil-photo. C'est votre appareil-photo?*
— *Non, non. Ce n'est pas notre appareil-photo.*

— *Voilà des plantes vertes. Ce sont vos plantes vertes?*
— *Non, non. Ce ne sont pas nos plantes vertes.*

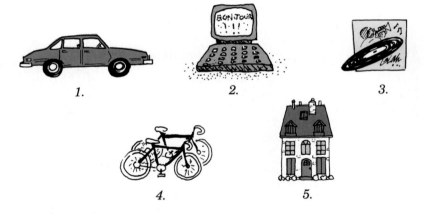

1.   2.   3.

4.   5.

6.   7.   8.

G. **Moi, je m'appelle. . .** Imagine that it is your first day in an international school where the common language is French. Go up to another student and introduce yourself. Tell where you are from and where you live. Then try to give the other person an idea about what you like and dislike.

Lexique

Pour se débrouiller

Pour indiquer ses goûts et préférences

adorer

aimer (assez bien,
   beaucoup, mieux)

ne pas aimer

détester

préférer

Thèmes et contextes

Les goûts et les préférences

l'art *(m.)*

le camping

le cinéma

les langues *(f.pl.)*

la littérature

les mathématiques *(f.pl.)*

la musique

la nature

la peinture

la politique

les sciences *(f.pl.)*

la sculpture

les sports *(m.pl.)*

le tennis

le théâtre

Vocabulaire général

Noms

un(e) petit(e) ami(e)

une pièce de théâtre

Adjectifs

classique

populaire

Autres expressions

voici

JOUR J : 25 JUIN - FETE DU CINEMA

Le principe ? Il est désormais traditionnel. Un ticket à tarif plein donne accès au premier film et un franc symbolique pour chaque séance supplémentaire. Autour du jour J, à Paris et en province, une multitude d'événements visant à promouvoir le cinéma.

Chapitre 6
Voici ma famille!

PREMIÈRE ÉTAPE

Point de départ

J'habite avec. . .

Bonjour. Je m'appelle Dominique Tavernier. Dominique, c'est mon **prénom.** Tavernier, c'est mon **nom de famille.** Nous sommes sept dans ma famille. J'ai un **père,** une **mère,** un **frère,** et une **sœur.** Mon frère **s'appelle** Jean-Pierre et ma sœur s'appelle Sophie. Nous habitons dans une maison à Lille avec mon **grand-père** et ma **grand-mère.**

first name
last name
father / mother / brother / sister /
is named
grandfather / grandmother

À vous

A. Vous et votre famille. First, complete the following sentences with information about you and your family.

1. Je m'appelle. . .
2. Mon prénom, c'est. . .
3. Mon nom de famille, c'est. . .
4. Nous sommes . . . dans ma famille.
5. Mon père s'appelle. . .
6. Ma mère s'appelle. . .
7. J'ai . . . frères. (ou: Je n'ai pas de frères.)
   Il s'appelle. . . (ou: Ils s'appellent. . .)
8. J'ai . . . sœurs. (ou: Je n'ai pas de sœurs.)
   Elle s'appelle. . . (ou: Elles s'appellent. . .)
9. J'habite avec mes grands-parents. (ou: Je n'habite pas avec mes grands-parents.)

Here are some additional words for describing non-traditional families:

un beau-père *(stepfather)*
une belle-mère *(stepmother)*
un demi-frère *(step or half brother)*
une demi-sœur *(step or half sister)*

103

B. **La famille de votre camarade.** Now ask one of your classmates the following questions about him/herself and his/her family.

1. Comment est-ce que tu t'appelles? *(Je m'appelle. . .)*
2. Quel *(what)* est ton prénom?
3. Quel est ton nom de famille?
4. Vous êtes combien dans ta famille? *(Nous sommes. . .)*
5. Comment s'appelle ton père?
6. Comment s'appelle ta mère?
7. Combien de *(how many)* frères est-ce que tu as?
8. Comment est-ce qu'il s'appelle? (Comment est-ce qu'ils s'appellent?)
9. Combien de sœurs est-ce que tu as?
10. Comment est-ce qu'elle s'appelle? (Comment est-ce qu'elles s'appellent?)
11. Est-ce que tu as des grands-pères et des grands-mères?
12. Est-ce que tu habites avec tes grands-parents?

PRONONCIATION: *The consonants* **c** *and* **g**

In French, the consonants **c** and **g** may represent either a hard or a soft sound. When followed by a consonant or by the vowels **a, o,** or **u,** they have a hard sound:

> [k]   (as in *car*): **c**lasse, **c**ouleur, **c**ahier, é**c**u
> [g]   (as in *gun*): **g**rand, **g**omme, **g**uide

When either is followed by the vowels **e, i,** or **y,** or when **c** is marked with a cedilla **(ç),** they have a soft sound:

> [s]   (as in *nice*): fa**c**e, **c**inéma, fran**ç**ais
> [ʒ]   (as in *sabotage*): â**g**e, ri**g**ide, **g**ymnase

Pratique ▬▬▬▬▬

C. Read each word aloud, being careful to give the appropriate hard or soft sound to the consonants **c** and **g.**

1. café	5. cahier	9. Orangina	13. belge
2. citron	6. pièces	10. goûts	14. langue
3. croissant	7. combien	11. fromage	15. Roger
4. ça	8. Françoise	12. portugais	16. égyptien

Reprise

D. **C'est votre. . . ?** Your instructor will ask you to identify certain objects and indicate to whom they belong.

MODÈLE: — *Qu'est-ce que c'est?*
             — *C'est un livre.*
             — *C'est votre livre?*
             — *Oui, c'est mon livre.* ou:
                Non, c'est le livre de Nancy.

E. **Échange.** Ask these questions to another student, who will answer them.

1. Est-ce que tu aimes les sports? Qu'est-ce que tu aimes le mieux—le football, le basket, le base-ball ou le football américain?
2. Est-ce que tu aimes mieux la musique ou la peinture?
3. Est-ce que tu préfères les mathématiques ou les langues? les sciences ou la littérature?
4. Est-ce que tu aimes les animaux? Est-ce que tu aimes mieux les chiens ou les chats?
5. Est-ce que tu préfères regarder la télévision ou écouter des disques?
6. Qu'est-ce que tu aimes le mieux—le camping, la politique ou le cinéma?

Moi, j'adore les chats.
Est-ce que tu aimes mieux
les chats ou les chiens?

Structure

Information questions with **où, combien de, que,** *and* **pourquoi**

You have already learned how to ask questions that take *yes* or *no* as an answer. Frequently, however, you ask a question because you seek specific information. In most cases, you can use **est-ce que** after one of the following question words:

To find out *where* something or someone is located, use **où + est-ce que (qu')**:

— **Où est-ce que** *ton frère habite?*

— *Il habite à Marseille.*

— Where does *your brother live?*

— *He lives in Marseilles.*

When a question with **où** contains the verb **être, est-ce que** is not usually used:

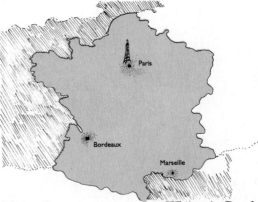

— **Où est** *Bordeaux?*

— *Bordeaux est au sud-ouest de Paris.*

— Where is *Bordeaux?*

— *Bordeaux is southwest of Paris.*

To ask about a *quantity*, use **combien de (d') + est-ce que (qu'):**

— **Combien de** *sœurs*
est-ce que *vous avez?*

— *J'ai deux sœurs.*

— How many *sisters do you have?*

— *I have two sisters.*

To find out *what* someone wants or is seeking, use **que + est-ce que.**
Notice the elision: **qu'est-ce que (qu'):**

— **Qu'est-ce qu'**ils cherchent?

— *Ils cherchent la maison de Chantal.*

— What are *they looking for?*

— *They are looking for Chantal's house*

To ask *why,* use **pourquoi + est-ce que (qu').** The answer to this
question usually begins with **parce que (qu'):**

— **Pourquoi** *est-ce que Claudine n'est pas au match de football?*

— **Parce qu'**elle aime mieux le tennis

— Why *isn't Claudine at the soccer game?*

— Because *she likes tennis better.*

Application

F. Replace the subject in italics and make the necessary changes.

1. Où est-ce que *vous* travaillez? (tu / ta mère / Alain / ton père)
2. Où est *Bordeaux?* (Toulouse / ta maison / mes clés / mes livres)
3. Combien de sœurs est-ce que *vous* avez? (tu / ils / Jean-Paul / nous)
4. Qu'est-ce qu'*ils* cherchent? (tu / vous / vos amis / on)
5. Pourquoi est-ce qu'*elle* n'a pas de disques? (tu / ton frère / tes parents / vous)

G. **Faisons connaissance!** *(Let's get to know each other!)* In order to get to know an exchange student from Dijon a little better, you ask her questions about herself, her brother, and her parents. Use the suggested words to form your questions.

tu

MODÈLE: où / habiter
          Où est-ce que tu habites?

tu

1. combien de / frères / avoir
2. qu'est-ce que / aimer mieux / musique / sports
3. pourquoi / être ici à *(your town)*

ton frère

4. où / travailler
5. pourquoi / ne pas avoir de livres
6. qu'est-ce que / aimer manger
7. où / être / maintenant

tes parents

8. où / habiter
9. pourquoi / ne pas habiter à Dijon
10. qu'est-ce que / regarder à la télévision
11. où / être / maintenant

H. **Précisons!** *(Let's give more details!)* Conversation depends on the listener's paying attention to the speaker's comments and reacting to them.

You are talking with some of the French exchange students in your school. Ask follow-up questions, using the cues in parentheses.

MODÈLE: **Claude Fournier**
Je n'habite pas à Paris. (où)
Où est-ce que tu habites?

Claude Fournier

1. J'ai des soeurs, mais je n'ai pas de frères. (combien de)
2. Mes soeurs étudient beaucoup. (qu'est-ce que)
3. Elles n'aiment pas les mathématiques. (pourquoi)

Bénédicte Cadet

4. Mon père et ma mère travaillent tous les deux *(both).* (où)
5. Ma soeur gagne beaucoup d'argent. (combien de)
6. Mon frère gagne très peu. (pourquoi)

Edith Poncet

7. Ma grand-mère habite à Cassis. (où / être)
8. Elle a des chiens et des chats. (qu'est-ce que / aimer mieux)
9. Elle parle beaucoup. (pourquoi)

Débrouillons-nous!

I. **Échange.** Ask the following questions to another student, who will answer them.

1. Vous êtes combien dans ta famille?
2. Comment s'appelle ton père? Et ta mère?
3. Est-ce qu'ils travaillent tous les deux? Où?
4. Combien de soeurs est-ce que tu as? Est-ce que tu as des frères aussi?
5. Est-ce qu'ils (elles) sont élèves dans un lycée aussi?
6. Où est-ce que tes grands-parents habitent? Est-ce qu'ils habitent dans une maison ou dans un appartement?

J. **Ta famille.** Find out as much as you can about another student's family. Begin by getting information about the size and composition of the family. Then choose one member of the family (mother, father, brother, sister, or grandparent) and ask more detailed questions.

Point de départ

J'ai une famille nombreuse:
I have a big family

J'ai une famille nombreuse

• •

La famille de Dominique Tavernier

Here are some additional family members:
un beau-père *(father-in-law)*
une belle-mère *(mother-in-law)*
un beau-frère *(brother-in-law)*
une belle-sœur *(sister-in-law)*
une beau-père *(father-in-law)*
un neveu *(nephew)*
une nièce *(niece)*

that

married / his wife / son
big / brown hair /eyes
wears glasses

*J'ai aussi de la famille **qui** n'habite pas à Lille. Regardons les photos dans notre album. Voilà mon oncle Jacques. C'est le frère de mon père. Il est **marié. Sa femme** s'appelle tante Élise. Ils ont un **fils**—c'est mon cousin André. Il est **grand.** Il a les **cheveux bruns** et les **yeux** bruns aussi. Il **porte des lunettes.***

her husband / children /
    daughter
quite small

*Et voilà ma tante Béatrice. C'est la sœur de ma mère. Elle est mariée aussi. **Son mari** s'appelle oncle René. Ils ont deux **enfants**—un fils et une **fille.** Ce sont mon cousin Robert et ma cousine Jacqueline. Jacqueline a les cheveux blonds. Ses yeux sont bleus. Elle est **assez petite.***

À vous!

A. **Du côté de votre mère.** *(On your mother's side.)* Answer the following questions about family members on your mother's side of the family.

1. Est-ce que vous avez une petite *(small)* famille ou une famille nombreuse du côté de votre mère?
2. Combien d'oncles est-ce que vous avez? Comment est-ce qu'ils s'appellent?
3. Est-ce qu'ils sont mariés? Est-ce qu'ils ont des enfants? des fils? des filles?
4. Comment s'appellent vos cousins? Où est-ce qu'ils habitent?
5. Est-ce que vous avez des tantes aussi du côté de votre mère?

B. **Du côté de votre père.** *(On your father's side.)* Answer the following questions about family members on your father's side of the family.

1. Est-ce que la famille du côté de votre père est nombreuse?
2. Combien de tantes est-ce que vous avez du côté de votre père? Est-ce qu'elles sont mariées? Combien d'enfants est-ce qu'elles ont?
3. Comment s'appellent vos cousins et vos cousines du côté de votre père?
4. Est-ce que votre père a des frères aussi? Où est-ce qu'ils habitent?

Note grammaticale

To describe hair and eyes in French, you can use either the verb **avoir** or the verb **être.** If you use **avoir,** the subject of the sentence is the person you are describing and you need a definite article:

J'ai les cheveux roux.	*I have red hair.*
Mon grand-père a les cheveux gris.	*My grandfather has gray hair.*

If you use **être,** the subject of the sentence is the part of the body being described and you need an expression that indicates possession:

Mes cheveux sont noirs.	*My hair is black.*
Les yeux de ma mère sont bleus.	*My mother's eyes are blue.*

To indicate whether someone is short or tall, use the adjectives **petit** and **grand.** If the person is female, add an **e.** If you are talking about more than one person add an **s:**

Ma soeur est très petite.	*My sister is very short (small).*
Mes frères sont assez grands.	*My brothers are fairly tall (big).*

C. **Ma famille.** Describe each member of your family, indicating whether he/she is short or tall as well as the color of his/her hair and eyes. Mention also whether or not he/she wears glasses. Remember to include yourself!

MODÈLE: *Mon père est très grand. Il n'a pas de cheveux. Il est chauve (bald). Il a les yeux bruns et il ne porte pas de lunettes.*

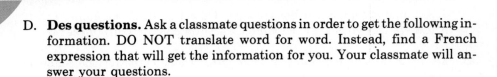

Reprise

D. **Des questions.** Ask a classmate questions in order to get the following information. DO NOT translate word for word. Instead, find a French expression that will get the information for you. Your classmate will answer your questions.

MODÈLES: where he/she lives
— *Où est-ce que tu habites?*
— *J'habite à Walpole.*

where his/her father and mother work
— *Où est-ce que ton père et ta mère travaillent?*
— *Mon père travaille à Central High School et ma mère travaille à City Hospital.*

1. where his/her grandparents live
2. how many brothers and sisters he/she has
3. how many dogs and/or cats he/she has
4. what he/she is studying
5. what he/she prefers (give two choices)
6. what he/she likes to eat
7. why he/she eats a lot (or very little)
8. why he/she is studying French

Structure

The present tense of the irregular verb ***faire***

Qu'est-ce que **vous faites?**   What are *you doing?*
Nous faisons les devoirs.   *We are doing* homework.
Je ne fais pas mon lit.   *I don't make* my bed.

Here are the present-tense forms of the irregular verb **faire** *(to do, to make):*

faire	
je **fais**	nous **faisons**
tu **fais**	vous **faites**
il, elle, on **fait**	ils, elles **font**

The verb **faire** is often used to ask a question. In such cases, the answer frequently involves a verb other than **faire:**

— Qu'est-ce que **tu fais?**   — What *are you doing?*
— Je travaille.   — I'm working.

— Qu'est-ce que tu aimes **faire?**   — What do you like *to do?*
— J'aime danser.   — I like to dance.

 Le savez-vous?

Mémé **and** *pépé* **are terms often used by French children when talking to or about their**
a) **mother and father**
b) **grandmother and grandfather**
c) **brother and sister**

réponse

Application

E. Replace the subject in italics and make the necessary changes.

1. Qu'est-ce que *Pierre* fait? (tu / vous / Jean-Michel et Patrice / on / nous / Chantal)
2. *Marie-Claire* fait des devoirs. (je / vous / mon frère / tu / nous / mes cousins)
3. *Jean* ne fait pas les lits. (Béatrice / nous / les parents de Sylvie / je / vous / tu)

F. **Qu'est-ce qu'on fait ce soir?** You would like to organize a group activity for this evening. However, you can't find anyone to join your group. Every time you mention someone and ask your friend what that person is doing, your friend replies with the activity indicated.

MODÈLE: Martine / travailler
          — *Qu'est-ce que Martine fait ce soir* (tonight)?
          — *Elle travaille ce soir.*

1. Jean-Pierre / étudier
2. Bernadette / danser
3. ton oncle Paul / chanter
4. ta tante Yvonne / regarder un film
5. tes parents / regarder le football à la télévision
6. tu / écouter des disques de jazz

Note grammaticale

Some idiomatic expressions with **faire**

Similar to the verb **avoir,** the verb **faire** is often used in idiomatic expressions that do not have word-for-word English translations.

Here are a few such expressions. You will encounter others in future chapters:

faire un voyage	to take a trip, to go on a trip
faire une promenade	to take a walk, to go for a walk
faire du sport	to participate in sports
faire du tennis	to play tennis
faire du ski	to go skiing
faire du vélo	to go bike riding
faire de la moto	to go biking (motorcycle)
faire un tour (en voiture / à velo / à moto)	to go for a ride (in a car / on a bicycle / on a motorcycle)

Nous faisons une promenade. *We are taking a walk.*
Tu fais du ski? *Do you go skiing?*

b
Terms used for taking about mother and father are **Maman** and **Papa.**

G. **Qu'est-ce qu'on fait ce week-end?** You call up your brother or sister to find out what your family and friends are doing this weekend. He/she in turn asks them about their plans. Follow the model, using the pictures to determine what each person is planning to do.

Marie

MODÈLE: VOUS: *Qu'est-ce que Marie fait ce week-end?*
VOTRE FRÈRE: *Marie, qu'est-ce que tu fais ce week-end?*
MARIE: *Je fais un tour en voiture.*
VOTRE FRÈRE: *Elle fait un tour en voiture.*

1. *Martin*

2. *M. et Mme Simon*

3. *Anne et Louis*

4. *M. et Mme Genisse*

5. *Annick et Victor*

6. *Claudine*

H. **Qu'est-ce que tu voudrais faire ce soir?** Ask several classmates what they would like to do tonight. They will answer using one of the possibilities listed below. In each case, indicate whether their idea coincides with yours.

MODÈLE: — *Qu'est-ce que tu voudrais faire ce soir?*
— *Je voudrais danser.*
— *Moi aussi, je voudrais danser.* ou:
Non, moi, je voudrais faire une promenade.

faire du tennis / faire une promenade / regarder la télévision / écouter des disques / parler / manger / danser / chanter / faire un tour à vélo / faire mes devoirs / regarder un film / faire de la moto

Débrouillons-nous!

I. **Qui a le plus grand nombre de. . . ?** *(Who has the most. . . ?)* Go around the class asking other students how many aunts, uncles, male cousins, and female cousins they each have. Based on your findings, your teacher will then try to determine:

1. Qui a le plus grand nombre de tantes?
2. Qui a le plus grand nombre d'oncles?
3. Qui a le plus grand nombre de cousins?
4. Qui a le plus grand nombre de cousines?

J. **Qui est-ce?** *(Who is it?)* Give a short description of someone in your class. The others will try to guess who it is. Include in your description size, color of hair and eyes, and whether or not the person wears glasses. If no one guesses, add another detail (something the person has, something you know about the size of the person's family, what he/she likes to do, etc.).

F. Boucher:
Le déjeuner,
1739

Lexique

Pour se débrouiller

Pour s'identifier
je suis. . .
je m'appelle. . .

Pour se renseigner
combien de
comment s'appelle. . .
où
pourquoi
qu'est-ce que

Thèmes et contextes

Les activités
faire une promenade
faire du ski
faire du sport
faire du tennis
faire un tour
faire un voyage
faire du vélo
faire de la moto

La famille
un(e) cousin(e)
une femme
une fille
un fils
un frère
une grand-mère
un grand-père
un mari
une mère
un oncle
un père
une sœur
une tante

Vocabulaire général

Noms
un nom de famille
un prénom

Verbes
chercher
écouter
faire
regarder

Adjectifs
marié(e)

Autres expressions
parce que

MISE AU POINT

LECTURE: *Mon identité*

The ability to read in French develops more rapidly than the skills of speaking, listening, and writing. One reason is the large number of cognates (similar words) shared by French and English. Use the many cognates in the paragraphs below to help you get the general idea WITHOUT consulting the definitions that follow.

Je suis médecin et mère de famille. Je travaille à l'hôpital Saint-Nicolas à Bordeaux. Mon mari est journaliste. Il est souvent à la maison avec nos enfants. Nous avons un fils et trois filles. Le week-end nous faisons beaucoup de choses avec[1] les enfants. Nous aimons le camping et les sports. Moi, je fais du ski, mais mon mari aime mieux le football. Nous aimons aussi les arts. Mon fils voudrait être architecte et une de mes filles étudie la peinture à l'université.

[1]with

Je suis élève au Lycée Montaigne à Lyon. J'étudie les langues modernes—l'anglais et l'espagnol—parce que j'aime beaucoup la littérature et aussi parce que je voudrais voyager un jour.[2] Mes parents sont divorcés. J'habite avec ma mère, qui travaille dans une banque. Mon père, qui est ingénieur, habite à Grenoble. J'ai un petit frère qui s'appelle Alexandre. Je n'ai pas des sœurs. Nous n'avons pas beaucoup d'argent.

Je suis président d'une grande[3] entreprise. J'ai une grande maison, quatre télévisions couleur et trois voitures dans le garage. Ma femme et moi, nous voyageons beaucoup. Nous avons un chalet en Suisse et un appartement à Paris. Mes enfants sont dans une école[4] privée. Mon fils a une chaîne stéréo, une grande quantité de disques compacts et une voiture. Ma fille a un ordinateur et un magnétoscope. Nous avons une vie[5] très confortable.

[2]one day (someday)   [3]large   [4]school   [5]life

Je suis en retraite[6]. Ma femme est morte[7] en 1985. J'habite avec mon fils Michel à Rennes. Il est marié. Sa femme s'appelle Renée. Ils ont deux filles. Je ne travaille pas. J'aime beaucoup la nature et je fais souvent des promenades. Le soir[8] je mange avec la famille et après le dîner je regarde la télévision. Ma vie est assez agréable.

Compréhension

A. **Les mots apparentés.** *(Cognates)* What do you think each of the following words means?

le président, le garage, privé(e), une quantité, confortable, moderne(s), divorcé(s), une banque, l'hôpital, un journaliste, l'université, le dîner, agréable

B. **Vrai ou faux?** Reread the **Lecture,** referring to the definitions at the end. Then decide whether the statements made by each person are true or false. Support your answers by pointing out the relevant information in the **Lecture.**

1. Le médecin:
   a. J'ai cinq enfants.
   b. Mon mari travaille le week-end.
   c. J'aime la nature.
   d. Mes enfants sont très petits.

[6]retired   [7]died   [8]in the evening

2. L'élève:
   a. J'habite avec mon père et ma mère à Lyon.
   b. Je parle trois langues.
   c. J'ai une famille nombreuse.
   d. Je suis riche.

3. Le président d'entreprise:
   a. Je suis matérialiste.
   b. J'ai une grande maison à Paris.
   c. Je suis riche.
   d. Je fais beaucoup de choses avec mes enfants.

4. L'homme en retraite:
   a. J'habite avec la famille de mon fils à Rennes.
   b. Je fais souvent des promenades avec ma femme.
   c. Je prends le déjeuner dans un restaurant fast-food avec mes amis.
   d. Le soir je suis à la maison.

Reprise

C. **Échange.** Ask these questions of a classmate, who will answer you.

1. Est-ce que tu as une famille nombreuse?
2. Combien est-ce que tu as de tantes et d'oncles du côté de ta mère? Du côté de ton père?
3. Comment s'appelle ta tante préférée? Où est-ce qu'elle habite? Est-ce qu'elle est mariée? Est-ce qu'elle a des enfants? Comment est-ce qu'ils s'appellent?
4. Est-ce que ta tante travaille? Qu'est-ce qu'elle fait?
5. Comment s'appelle ton oncle préféré? Où est-ce qu'il habite? Est-ce qu'il est marié? Est-ce qu'il a des enfants? Est-ce qu'ils sont au lycée?
6. Est-ce que ton oncle travaille? Qu'est-ce qu'il fait?

D. **Qu'est-ce qu'il fait?** Ask a classmate what the person in each picture is doing. Use the noun or pronoun printed under the picture in your question. Your partner will answer your question on the basis of the drawing.

Marc

MODÈLE: — *Qu'est-ce que Marc fait?*
— *Il fait un tour (à vélo.)*

1. Mireille   2. Roger et son frère   3. vous

4. tu   5. on

6. Jeanne et ses soeurs   7. Paul   8. tu

Révision

In this **Révision,** you will review:

- numbers from 0 to 10;
- indefinite and definite articles;
- the irregular verbs **avoir** and **faire**;
- information questions;
- expressions with avoir;
- possessive adjectives.

Possessions, tastes and the family

E. **Trois portraits.** On the basis of the drawings, give as much information as you can about the three featured people.

1.

Andrée

MODÈLE: *Je m'appelle Andrée. J'habite à Orléans. J'ai les cheveux bruns. J'aime beaucoup les sports. (Etc.)*

2.

Mathieu

Marise

Numbers from 0 to 10

zero	trois	cinq	sept	neuf
un, une	quatre	six	huit	dix
deux				

F. **Faisons les additions.** Do the following simple arithmetic problems.

MODÈLE: 2 + 3 =
Deux et trois font cinq.

1. 3 + 6 =   3. 7 + 1 =   5. 5 + 3 =
2. 4 + 6 =   4. 2 + 5 =   6. 2 + 7 =

The indefinite and definite articles

Indefinite	Definite
un, une, des	**le, la, l', les**
(negative: **de**)	

G. **Est-ce que tu voudrais. . .?** Ask a friend if he/she would like a beverage or food from the first category given. He/she will indicate that he/she doesn't like food or drinks of that kind and will ask for something from the second category. Follow the model.

MODÈLE: les sandwiches / les omelettes
— *Est-ce que tu voudrais un sandwich au fromage?*
— *Non, je n'aime pas les sandwiches. Je voudrais une omelette au fromage.*

1. les choses sucrées / les choses salées
2. les boissons chaudes / les boissons froides
3. les sandwiches / les omelettes

H. **Faisons connaissance!** In order to get to know one of your classmates better, ask him/her a series of yes/no questions. Use the elements suggested below, being careful to distinguish between nouns that require the definite article **le, la, l', les** and nouns that require the indefinite article **un, une, des.** Your classmate will answer your questions.

MODÈLES:

avoir / voiture
Tu as une voiture?
Oui, j'ai une voiture. ou:
Non, je n'ai pas de voiture.

aimer / sports
Tu aimes les sports?
Oui, j'aime beaucoup les sports. ou:
Non, je n'aime pas les sports.

1. avoir / frères / soeurs?
2. habiter / dans / appartement?
3. aimer / animaux?
4. aimer mieux / chiens / ou / chats?
5. avoir / chien (chat)?
6. aimer / musique?
7. préférer / rock / funk / jazz / musique classique?
8. avoir / disques / ou / cassettes?

The irregular verb *avoir*		The irregular verb *faire*		Information questions
j'**ai**	nous **avons**	je **fais**	nous **faisons**	**où (est-ce que)**
tu **as**	vous **avez**	tu **fais**	vous **faites**	**combien de . . . est-ce que**
il, elle, on **a**	ils, elles **ont**	il, elle, on **fait**	ils, elles **font**	**qu'est-ce que**
				pourquoi est-ce que

I. **Des légendes.** *(Captions.)* Complete the captions for the following drawings, using one of these expressions: **avoir faim, avoir soif, avoir raison, avoir tort.**

MODÈLE:
Oui les enfants, vous avez . . . (raison/tort)
Oui les enfants, vous avez raison.

1. *Les voyageurs ont . . .*
    (faim/soif)

2. *Nous avons . . .*
    (faim/soif)

3. *Pierre a . . .*
    (raison/tort)

Now complete the captions for the following drawings using the expression **avoir besoin de.**

MODÈLE:
Vincent a besoin de . . .
    (radio-réveil/magnétoscope)
Vincent a besoin d'un radio-réveil.

1. *Monique a besoin de . . .*
    (machine à écrire/calculatrice)

2. *J'ai besoin de . . .*
    (clés/portefeuille)

3. *Jacques a besoin de . . .*
    (taille-crayon/croque-monsieur)

J. **Où est-ce que ta sœur habite?** When you ask your French friends where their relatives live, they answer with the name of the city. You then ask them what their relatives do. This time they give an occupation.

ROUEN

MODÈLE:

ta sœur
— *Où est-ce que ta sœur habite?*
— *Elle habite à Rouen.*
— *Qu'est-ce qu'elle fait à Rouen?*
— *Elle est architecte.*

LILLE

1. *ton oncle*

PARIS

2. *la mère de François*

BORDEAUX

3. *ton oncle et ta tante*

NANTES

4. *Michel et Dominique, vous*

LYON

5. *Annick, tu*

K. **Un nouvel ami.** *(A new friend.)* A French exchange student whom you have just met is telling you about his family and his life in France. Each time he makes a statement, you ask a follow-up question using **où, combien de. . . , qu'est-ce que** or **pourquoi.**

MODÈLE: J'ai une famille nombreuse. J'ai beaucoup de frères et de soeurs.
Combien de frères et de soeurs est-ce que tu as?

1. Nous sommes de Paris. Mais nous n'habitons pas à Paris.
2. Nous habitons dans un petit village qui s'appelle Lusignan.
3. Ma mère et mon père travaillent tous les deux.
4. Je suis élève dans un petit lycée. Il n'y a pas beaucoup d'élèves dans mon école.
5. J'étudie les mathématiques, le français et l'anglais.
6. Je n'étudie pas les sciences.
7. J'aime mes professeurs et mes camarades de classe, mais j'aime mieux le week-end. Je fais beaucoup de choses avec mes frères.
8. Nous faisons du ski.

Une famille française

Possessive adjectives

mon, ma, mes	**notre, nos**
ton, ta, tes	**votre, vos**

The possessive adjective agrees with the possessed object in gender (masculine or feminine) and number (singular or plural).

L. **Où est mon. . .?** You are continually losing your belongings at school. When you ask someone if something is yours, he/she says it belongs to Janine. When you ask Janine, she tells you that the item belongs to someone else. Follow the model.

MODÈLE: livre
— *C'est mon livre?*
— *Non, ce n'est pas ton livre. C'est le livre de Janine.*

— *C'est ton livre?*
— *Non, ce n'est pas mon livre. C'est le livre de Jean-Claude.*

1. cahier	4. gomme
2. calculatrice	5. stylo
3. clés	6. devoirs

Point d'arrivée

(Activités orales et écrites)

M. **Faisons connaissance!** Get to know another student by exchanging information. Find out:

1. his/her name
2. where he/she lives (and is from)
3. the size and makeup of his/her family
4. his/her interests (sports, music, etc.)
5. his/her possessions
6. his/her likes and dislikes (activities)

He/she will ask the same information of you.

N. **Je suis. . .** Present yourself to the class. Using the French you've learned so far, give as much information as you can about your family, your interests, your activities, and your possessions.

O. **Le déjeuner au café.** You go to a café for lunch with a person whom you've just met. When you arrive, you see a friend of yours. Along with two other members of the class, play the roles of the students in this situation. During the conversation, make introductions, order lunch, and find out as much as possible about each other.

P. **L'arbre généalogique.** *(The family tree.)* Construct your family tree and explain to a classmate the relationships among you and the other family members. Give several bits of information for each person—where he/she lives, what he/she does and has, and what he/she likes or dislikes. If possible, bring a family photo to class.

Q. **Un dialogue de contraires.** *(A dialogue of opposites.)* Imagine that you and another student have a relationship similar to that of the two people in the dialogue on p. 85. The two of you are friends, despite great differences in family background (where you are from, where you live, the size of your family, your parents' occupations, etc.), possessions, and interests. Invent the details of your two lives and present them to the class in the form of a dialogue of opposites.

● ●

POURQUOI?

● ●

Your family has agreed to host a French exchange student for a few months. All that you know about your guest is her name (Colette Hulot), where she lives (Nîmes), and what she does (she's a student at the Collège Saint-François de Sales). Your older brother, who is a senior in college and has studied French for several years, quickly volunteers to meet Colette at the airport. When he meets her plane from France, he is both surprised and disappointed. Why?

a. He was expecting a girl, and Colette is a boy.
b. She is much younger than he thought she would be.
c. Females in France are very shy and rarely speak to people they don't know.
d. She comes from a part of France where everyone speaks a dialect. As a result, your brother can't understand a word she says.

● ●

J'habite à Aix-en-Provence, une ville de
125 000 habitants dans le sud de la France.
Mes parents et ma sœur Sophie et moi, nous
avons une jolie petite maison non loin de
l'atelier Paul Cézanne. Moi, j'ai 16 ans. J'ai les
cheveux bruns et les yeux bruns aussi. J'aime
beaucoup la musique rock et le tennis. Alors,
bien sûr, dans ma chambre j'ai une raquette
de tennis, un poster de Sting et beaucoup de
disques compacts. Je circule à vélo ou à
vélomoteur.

Michel Maillet

LE SPORT

Unité 3
On se renseigne

Objectives

In this unit, you will learn:

- to identify and locate places in a city;
- to ask for and give directions;
- to give orders and suggest activities;
- to tell time;
- to make plans;
- to indicate possession;
- to read a tourist brochure;

Véronique Béziers
Tarascon, France

Chapitre 7
Faisons connaissance de la ville!

— Allons-y! Faisons connaissance de la ville!

PREMIÈRE ÉTAPE

Point de départ
Les bâtiments publics

• •

Faisons connaissance de la ville: Let's get to know the city

Dans notre **ville** il y a

un aéroport	une cathédrale	une **bibliothèque**	library
une **gare**	une **église**	un **bureau de poste**	train station / church / post office
	une synagogue		
une **école**	une université	**un hôtel de ville**	school (general or elementary) / town hall
un **lycée**	un hôpital	**un commissariat de police**	high school / police station

À vous!

A. Qu'est-ce que c'est? Identify each building or place.

Vocabulary activities

MODÈLE:
C'est une cathédrale.

135

B. **Où est. . . ?** You have just arrived in town and are looking at a map. Using the appropriate form of the definite article **(le, la, l', les),** ask someone where each building or place is located.

> MODÈLE: école
> *Où est l'école?*

1. gare
2. hôtel de ville
3. aéroport
4. cathédrale
5. synagogue
6. hôpital
7. lycée
8. église
9. bibliothèque
10. université
11. commissariat de police
12. bureau de poste

C. **Il est là.** *(It is there.)* Now that you are familiar with the map of the town, other newcomers come up and ask you where certain buildings and places are. Using **il est** or **elle est** and the expression **là,** indicate the various locations on the map.

> MODÈLE: la gare
>   — *Où est la gare?*
>   — *La gare? Elle est là.*

1. la cathédrale
2. le bureau de poste
3. l'université
4. l'hôpital
5. le lycée
6. la synagogue

7. l'aéroport
8. le commissariat de police
9. l'école
10. l'hôtel de ville
11. l'église
12. la bibliothèque

Structure

The present tense of the irregular verb **aller**

Comment **vas-tu?**	How *are you?*
Marie va à Paris.	*Marie is going* to Paris.
Ils ne vont pas à Nice.	*They are not going* to Nice.

Nous allons *à Marseille.*

The verb **aller** (*to go* —in some expressions dealing with health can also mean *to be*) is irregular. Its present tense forms are:

aller	
je **vais**	nous **allons**
tu **vas**	vous **allez**
il, elle, on **va**	ils, elles **vont**

Application

D. Replace the subject in italics and make the necessary changes.
   1. *Henri* va à Londres. (je / nous / M. et Mme Duplessis / Chantal)
   2. Est-ce que *Jeanne* va en ville? (tu / Éric / vous / Paul et son frère)
   3. *Ils* ne vont pas à la bibliothèque. (Michèle / je / nous / on)

E. **À la gare.** You are at the railroad station with a group of friends who are
   all leaving to visit cathedrals in different French cities. Each time you ask
   if someone is going to a certain cathedral, you find out that you are wrong.
   Ask and answer questions following the model.

   MODÈLE: Alex / à Paris (à Rouen)
             — *Alex va à Paris?*
             — *Mais non, Alex ne va pas à Paris. Il va à Rouen.*

   1. Thérèse / à Strasbourg (à Bourges)
   2. tu / à Poitiers (à Chartres)
   3. Jean-Paul et François / à Marseille (à Albi)
   4. vous / à Angers (à Reims)
   5. Michel / à Lille (à Lyon)

Note grammaticale

---

*Adverbs used with **aller***

These adverbs are frequently used with **aller:**

> **toujours** *(always)*   **de temps en temps** *(from time to time)*
> **souvent**   **quelquefois** *(sometimes)*
> **rarement**   **ne . . . jamais** *(never)*

De temps en temps and **quelquefois** usually begin or end the sentence.
The shorter adverbs directly follow the verb. **Ne . . . jamais** is a negative
expression. **Ne** precedes the verb and **jamais** follows it, just as with
ne . . . pas:

> **De temps en temps** nous   *From time to time we*
>   allons en ville.   *go into town.*
> Il va **souvent** à l'église.   *He often goes to church.*
> Je **ne** vais **jamais** à la   *I never go to the library.*
>   bibliothèque.

F. **Une enquête.** *(A survey.)* Ask three other students the questions below and take note of their answers. The students do not need to answer with complete sentences. (When answering with **ne . . . jamais,** if there is no verb, you do not need to use **ne.**)

MODÈLE: — Est-ce que tu vas souvent à l'aéroport?
— *Rarement.*
— *De temps en temps.*
— *Jamais.*

1. Est-ce que tu vas souvent à la bibliothèque?
2. Est-ce que tu vas souvent à l'église ou à la synagogue?
3. Est-ce que tu vas souvent à l'hôpital?
4. Est-ce que tu vas souvent à l'hôtel de ville?

G. **Les résultats.** *(The results.)* Now report your findings from Exercise F to other members of your class. This time use complete sentences.

MODÈLE: *De temps en temps Éric va à la bibliothèque, Janine va rarement à la bibliothèque, mais Martine va très souvent à la bibliothèque.*

Débrouillons-nous!

H. **Échange.** Ask another student the following questions. He/she will answer them on the basis of his/her knowledge and personal situation.

1. Est-ce qu'il y a un aéroport dans notre ville? Un hôpital? Un bureau de poste? Une cathédrale?
2. Est-ce que tu vas souvent à l'école? À l'église ou à la synagogue? À la gare? À l'hôtel de ville?

I. **Dans la rue.** You run into a classmate in the street. Greet each other. Then find out where he/she is going and whether he/she goes there often.

MODÈLE: — *Salut, . . . Ça va?*
— *Oui, ça va. Et toi?*
— *Oui, ça va très bien. Où est-ce que tu vas?*
— *Je vais à la bibliothèque.*
— *Est-ce que tu vas souvent à la bibliothèque?*
— *Oui, assez souvent* (fairly often).

DEUXIÈME ÉTAPE

Point de départ

Où peut-on aller pour s'amuser?

peut-on: can one (we)

• •

Pour s'amuser, dans notre ville il y a

un café	un cinéma	un parc
un restaurant	un théâtre	une discothèque
un fast-food	un **musée**	un **stade**
		une **piscine**

museum / stadium
swimming pool

À vous!

A. Qu'est-ce que c'est? Identify each building or place.

1.   2.   3.

4.   5.   6.

B. Est-ce qu'il y a un(e) . . . dans le quartier? *(Is there a . . . in the neighborhood?)* Ask a passerby if the following places are in the area. The passerby will answer affirmatively and indicate the street where each can be found.

MODÈLE: restaurant / dans la rue Clemenceau
            — *Pardon, Madame (Monsieur). Est-ce qu'il y a un restaurant dans le quartier?*
            — *Oui. Il y a un restaurant dans la rue Clemenceau.*

1. parc / dans la rue Bellevue
2. discothèque / dans la rue d'Orléans
3. théâtre / dans l'avenue Jean Mermoz
4. musée / dans l'avenue de la Libération
5. cinéma / dans la rue Mazarin
6. piscine / dans la rue Jean-Jacques
7. fast-food / dans l'avenue de Paris

Musée
d'Orsay
petit
guide

C. **Qu'est-ce qu'il y a à Cassis?** Using the map of Cassis, indicate what there is and what there is not in this little Mediterranean town.

MODÈLE: *À Cassis il y a des cafés, mais il n'y a pas de fast-food.*

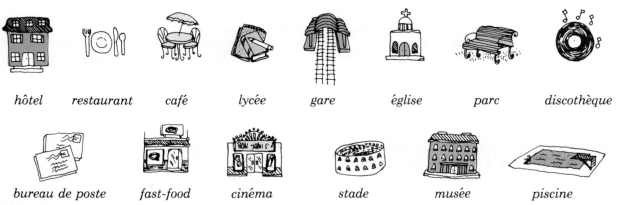

hôtel   restaurant   café   lycée   gare   église   parc   discothèque

bureau de poste   fast-food   cinéma   stade   musée   piscine

PRONONCIATION: *The combination* **gn**

In French, the combination **gn** is pronounced much like the **ny** in the English word *canyon* [ɲ]-: **gagner, ligne.**

Pratique

D. Read each word aloud, being careful to pronounce the **gn** combination as [ɲ]:

1. espagnol	5. signe	8. Charlemagne
2. on se renseigne	6. Agnès	9. montagne
3. magnifique	7. Champagne	10. champignon
4. magnétique		

Reprise

E. **Où vont-ils?** Thierry and his family have gone into Lyon for the day. Because they all want to see different things, they decide to split up. Using the drawings, give Thierry's explanation of where each person is headed.

MODÈLE: *Mon oncle va à la cathédrale.*

mon oncle

1. mes parents

2. ma sœur et moi

3. mes cousins

4. *moi*   5. *toi*

Structure

> ### *The preposition* **à** *and the definite article*
>
> | | |
> |---|---|
> | Nous sommes **à la** piscine. | We're *at the* swimming pool. |
> | Mon frère travaille **à l'**aéroport. | My brother works *at the* airport. |
> | Nous allons **au** cinéma ensemble. | We're going *to the* movies together. |
> | Elle parle **aux** médecins. | She's talking *to the* doctors. |
>
> When followed by **la** or **l',** the preposition **à** *(to, at, in)* does not change. However, **à** followed by **le** contracts to form **au** and **à** followed by **les** contracts to form **aux:**
>
> | | |
> |---|---|
> | à + la → **à la** | **à la** maison |
> | à + l' → **à l'** | **à l'**église |
> | à + le → **au** | **au** café |
> | à + les→ **aux** | **aux** professeurs |
>
> The **x** of **aux** is silent, except when it precedes a vowel or a vowel sound. Then, in liaison, it is pronounced as a **z: aux‿étudiants.**

des cinémas pour le cinéma

Application

F.   Replace the word in italics and make the necessary changes.

1. Il va à la *cathédrale*. (maison / bibliothèque / gare / piscine)
2. Elles sont à *l'hôpital*. (université / église / aéroport / hôtel de ville)
3. Est-ce que tu vas au *café?* (restaurant / musée / bureau de poste / fast-food)
4. Je parle aux *professeurs*. (médecins / avocats / ingénieurs)

G. Replace the words in italics and make the necessary changes.

1. Ma sœur travaille *au musée.* (bureau de poste / hôtel de ville / gare / théâtre)
2. Nous allons souvent *au café.* (église / parc / bibliothèque / cinéma / piscine)
3. Est-ce que nous sommes déjà *au restaurant?* (cathédrale / hôpital / musée / bureau de poste / stade)
4. Il parle *au garçon.* (professeur / avocat / étudiants / médecins)

H. **Tu vas au musée, toi?** A group of young people joins you in front of a map of a town. Find out where each one is headed, being careful to use the appropriate form of **à** and the definite article.

MODÈLE: musée / hôpital
— *Tu vas au musée, toi?*
— *Non, je vais à l'hôpital.*

1. église / cathédrale
2. école / piscine
3. gare / aéroport
4. théâtre / cinéma
5. bureau de poste / parc
6. café / discothèque

I. **D'abord. . .ensuite. . .** *(First . . . then . . .)* After lunch, you and your friends are discussing your plans. Using the verb **aller** and the appropriate form of **à** + the definite article, find out where each person is headed.

MODÈLE: Anne-Marie (piscine / bibliothèque)
— *Anne-Marie, où est-ce que tu vas?*
— *D'abord, je vais à la piscine et ensuite je vais à la bibliothèque.*

1. Élisabeth (église / théâtre)
2. Pierre et Sylvie (restaurant / cinéma)
3. Monique (bureau de poste / bibliothèque)
4. Jean-Jacques et François (gare / aéroport)
5. Simone (musée / parc)
6. Henri et Alain (stade / café)

 Le savez-vous?

When the French use the term *le foot,* **what are they referring to?**
a)   a part of the body
b)   American football
c)   soccer

réponse

J. **Après les classes, nous jouons. . .** *(After school, we play . . .)* What do you and your friends play after school? How about you and your family? Choose games from the following list to complete the sentences. Notice that the verb **jouer** *(to play)* is followed by **à** before a noun. Be sure to make the appropriate contraction.

le basket
le football *(soccer)*
le football américain

le volley
le base-ball
le tennis

les échecs *(chess)*
le flipper *(pinball)*
le Monopoly

MODÈLE: Mes amis et moi, nous jouons toujours. . .
            Mes amis et moi, nous jouons toujours au basket.

1. Mes amis et moi, nous jouons souvent. . .
2. Quelquefois nous jouons. . .
3. Nous jouons rarement. . .
4. Nous ne jouons jamais. . .
5. Ma famille et moi, nous jouons souvent. . .
6. Nous ne jouons jamais. . .

Note culturelle

Traditionally, the French have preferred to watch sports rather than participate in them. This may be changing somewhat among the younger generations, who seem to be particularly interested in such sports as cycling, soccer, and jogging. For those who prefer more solitary or tranquil outdoor activities, hunting, fishing, and **boules (pétanque)** are still the most popular sports in France.

Boules is usually played in teams of two. The object of the game is to toss heavy metal balls as close as possible to a small wooden ball that has previously been thrown about ten yards from the players. This game can be played anywhere and is a favorite among both school-age youngsters and elderly men.

 c

The French word for "foot" is *le pied*. Football as played in the United States is called *le football américain*.

K. Échange. Ask the following questions of another student, who will answer them.

1. Est-ce qu'il y a un restaurant dans ton quartier? Un cinéma? Un parc?
2. Est-ce que tu dînes souvent au restaurant?
3. Est-ce que tu vas souvent au musée? Au parc? À la discothèque? Au théâtre?
4. Est-ce que tu joues au tennis? Au volley? Au football? Aux échecs? Aux boules?

L. Dans la rue. While heading for a place in town (your choice), you bump into a friend. Greet your friend, find out how he/she is and where he/she is going. If you are going to the same place, propose that you go there together **(On y va ensemble!).** If not, say good-bye and continue on your way.

TROISIÈME ÉTAPE

Point de départ
Le centre-ville

Dans notre ville il y a

bookstore / butcher shop
tobacco store (also sells
    stamps, newspapers) /
    grocery store
bakery (bread, rolls)

une **librairie**	une banque	une **boucherie**
un **bureau de tabac**	un hôtel	une **épicerie**
une pharmacie		une **boulangerie**

À vous!

A. **Qu'est-ce que c'est?** Identify each building or place.

1.   2.   3.

4.   5.   6.

B. **Près d'ici.** *(Near here.)* You ask a passerby whether certain stores and places are nearby. The passerby will answer affirmatively and indicate the street where each can be found.

MODÈLE: banque / dans l'avenue Schuman
— *Pardon, Monsieur (Madame). Est-ce qu'il y a une banque près d'ici?*
— *Oui, il y a une banque dans l'avenue Schuman.*

1. pharmacie / dans l'avenue du Maréchal Joffre
2. hôtel / dans la rue de la Montagne
3. boulangerie / dans la rue de Strasbourg
4. bureau de tabac / dans la rue Vauban
5. épicerie / dans l'avenue Aristide Bruant
6. librairie / dans la rue du Manège

Au Cœur du Triangle d'Or
face au théâtre des Champs Elysées
*29 chambres spacieuses
au décor raffiné*
Un hommage au luxe tranquille
sur la plus prestigieuse
Avenue Parisienne
HÔTEL MONTAIGNE
6, avenue Montaigne
75008 Paris
Tél. : (1) 47 20 30 50
Télécopie : (1) 47 20 94 12
Télex : 648 051 F

C. **Où est-ce qu'on va d'abord?** *(Where are we going first?)* Whenever you run errands with your friend, you like to know where you are headed first. However, each time you suggest a place, your friend has another idea.

MODÈLE: banque / bureau de tabac
— *Où est-ce qu'on va d'abord? À la banque?*
— *Non, d'abord on va au bureau de tabac. Ensuite on va à la banque.*

1. boucherie / épicerie
2. bureau de tabac / librairie
3. bureau de poste / banque
4. pharmacie / boulangerie
5. bibliothèque / briocherie
6. gare / bureau de tabac

PRONONCIATION: *The consonant s*

The consonant **s** represents the sound **[z]** when it occurs between two written vowels **(visage, rose).** In all other cases, the consonant **s** represents the sound **[s]: sœur, masse, disque.**

Pratique

D. Read each pair of words aloud, being careful to distinguish between the **[s]** of the first word and the **[z]** of the second.

1. dessert, désert 2. poisson, poison 3. coussin, cousin 4. russe, ruse

E. Read each word aloud, being careful to distinguish between **[s]** and **[z]**.

1. désire	4. Mademoiselle	7. classique	10. professeur
2. souvent	5. brésilien	8. église	11. musée
3. croissant	6. suisse	9. maison	12. passer

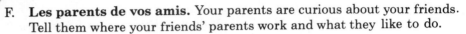

Reprise

F. **Les parents de vos amis.** Your parents are curious about your friends. Tell them where your friends' parents work and what they like to do.

MODÈLE: le père de Janine (hôpital / les livres / bibliothèque)
Le père de Janine travaille à l'hôpital. Il aime beaucoup les livres et il va souvent à la bibliothèque.

1. le père de Christine (gare / les films / cinéma)
2. la mère de Vincent (hôtel de ville / la nature / parc)
3. le père de Jean-Alex (bureau de poste / l'art / musée)
4. la mère de Philippe (bibliothèque / manger / restaurant)
5. le père de Jacqueline (musée / danser / discothèque)
6. la mère de Denise (université / chanter / théâtre)

Structure

The numbers from 11 to 29

11	**onze**	18	**dix-huit**	24	**vingt-quatre**
12	**douze**	19	**dix-neuf**	25	**vingt-cinq**
13	**treize**	20	**vingt**	26	**vingt-six**
14	**quatorze**	21	**vingt et un**	27	**vingt-sept**
15	**quinze**	16	**vingt-deux**	28	**vingt-huit**
16	**seize**	23	**vingt-trois**	29	**vingt-neuf**
17	**dix-sept**				

The **t** of **vingt** is not pronounced, except in liaison: **vingt livres,** but **vingt élèves.** However, in the numbers from 21 through 29, the **t** of **vingt** is always pronounced: **vingt-cinq.**

Application

G. 1. Comptez de 11 à 20, de 20 à 11, de 0 à 20, de 20 à 0.
   2. Comptez de 21 à 29, de 0 à 29, de 29 à 0.
   3. Donnez les nombres pairs de 0 à 28.
   4. Donnez les nombres impairs de l à 29.

H. **Faisons des sommes!** *(Let's do some addition!)*

   MODÈLE: 2 + 2
              — *Combien font deux et deux?*
              — *Deux et deux font quatre.*

1. 3 + 6	4. 2 + 5	7. 3 + 10	10. 6 + 5	13. 11 + 17
2. 7 + 9	5. 14 + 3	8. 9 + 9	11. 19 + 1	14. 15 + 6
3. 11 + 4	6. 8 + 12	9. 12 + 7	12. 4 + 9	15. 17 + 9

Note grammaticale

Quel âge as-tu?

To ask someone's age in French, use **avoir:**

    Quel âge as-tu?   **Quel âge a ta sœur?**
    How old are you?   *How old is your sister?*

To answer the questions, use **avoir . . . ans.** Note that **ans** must always be included in French even though *years* may be left out in English:

    J'ai quinze ans.   *I'm fifteen years old.*
    Elle a trois ans.   *She's three.*

I. **Quel âge. . .?** In the process of getting to know your friends, you find out how old they are. Remember to use the verb **avoir** and the word **ans.**

MODÈLE: Quel âge a Philippe? (13)
          Il a treize ans.

1. Sylvie, quel âge as-tu? (14)
2. Éric, quel âge as-tu? (12)
3. Marie-Claire et Denise, quel âge avez-vous? (15)
4. Quel âge a Robert? (16)
5. Quel âge a Caroline? (17)
6. Quel âge a Bruno? (22)

Débrouillons-nous!

J. **Échange.** Ask the following questions to a classmate, who will answer you.

1. Quel âge as-tu?
2. Est-ce que tu as des frères et des sœurs? Comment est-ce qu'ils s'appellent? Quel âge a . . . ? et . . . ?
3. Est-ce qu'il y a une épicerie dans ton quartier? Une boulangerie? Une pharmacie? Une banque?

K. **Au café.** On the way to a store to do an errand (your choice of store), you stop in a café for something to drink. You see a friend there. Greet your friend, find out how many brothers and/or sisters he/she has, and their names and ages. When you leave, find out where your friend is going and tell him/her where you are going.

Lexique

Pour se débrouiller

Pour demander un renseignement
  Pardon, . . .
  Où est . . . ?
  Est-ce qu'il y a un(e) . . . près d'ici?

Pour donner un renseignement
  dans l'avenue
  dans la rue

Pour demander et indiquer l'âge
  Quel âge avez-vous (as-tu)?
  J'ai . . . ans.

Thèmes et contextes

Les bâtiments commerciaux

une banque	une épicerie
une boucherie	un hôtel
une boulangerie	une librairie
un bureau de tabac	une pharmacie
un cinéma	un restaurant
une discothèque	un théâtre

Les bâtiments et les lieux publics

l'aéroport *(m.)*	l'hôtel de ville
la bibliothèque	un lycée
le bureau de poste	un musée
une cathédrale	un parc
une école	une piscine
une église	un stade
le commissariat de police	une synagogue
la gare	une université
l'hôpital	

Les jeux

le base-ball	le football (américain)
le basket	le Monopoly
les boules *(f.pl.)*	la pétanque
les échecs *(m.pl.)*	le tennis
le flipper	le volley

Vocabulaire général

Noms
la ville

Verbes
aller

Autres expressions
d'abord
de temps en temps
ensuite
là-bas
ne . . . jamais
quelquefois
rarement
souvent
toujours

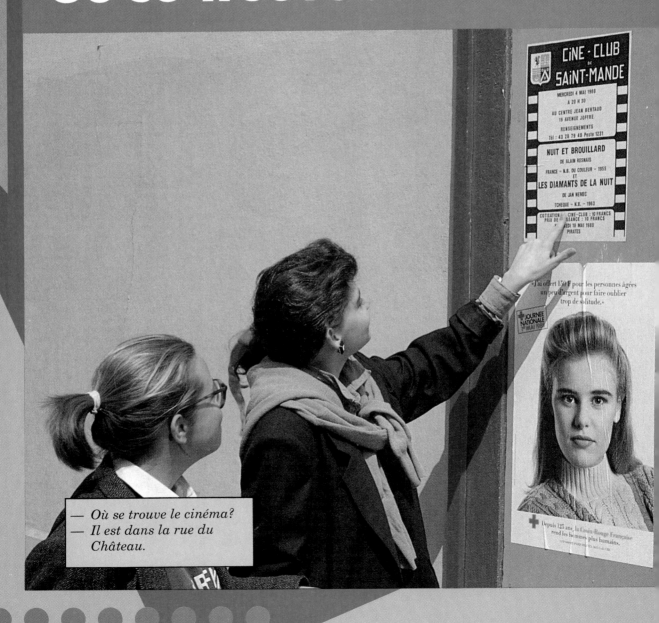

Chapitre 8

Où se trouve . . . ?

CINE - CLUB
DE
SAiNT-MANDE

MERCREDI 4 MAI 1988
A 20 H 30
AU CENTRE JEAN BERTAUD
19 AVENUE JOFFRE
RENSEIGNEMENTS
Tél : 43 28 79 40 Poste 1231

NUIT ET BROUILLARD
DE ALAIN RESNAIS

FRANCE - N.B. OU COULEUR - 1955
ET
LES DIAMANTS DE LA NUIT
DE JAN NEMEC
TCHEQUE - N.B. - 1963

COTISATION   CINE-CLUB : 10 FRANCS
PRIX DE SEANCE : 10 FRANCS
MEDI 18 MAI 1988
PIRATES

— Où se trouve le cinéma?
— Il est dans la rue du
Château.

PREMIÈRE ÉTAPE

Point de départ
C'est loin d'ici?

se trouve: is (located)

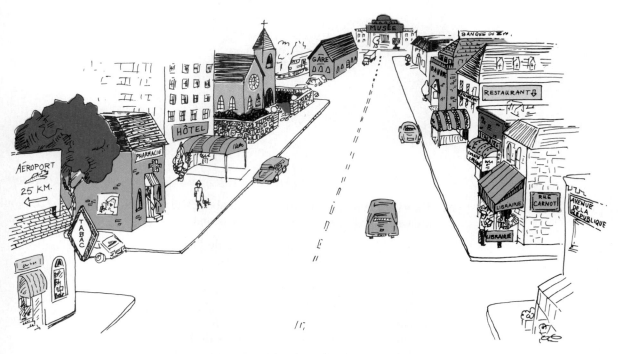

Où se trouve l'aéroport?	Il est **loin de** la ville.	far from
Où se trouve la gare?	Elle est **près de** l'église.	near
Où est le bureau de poste?	Il est **en face de** la gare.	across from
Où est la pharmacie?	Elle se trouve **à côté de** l'hôtel.	next to
Où est le musée?	Il est **au bout de** l'avenue de la République.	at the end of
Où se trouve le bureau de tabac?	Il est **au coin de** la rue Carnot et de l'avenue de la République.	on the corner of
Où est la voiture de Georges?	Elle est **dans** un parking, **derrière** l'église.	in / behind
Où est la voiture de Monique?	Elle est **dans** la rue, **devant** le restaurant.	in / in front
Mais où se trouve la banque?	Elle est **entre** le restaurant et le bureau de poste.	between

155

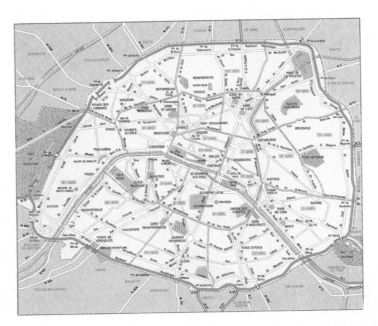

À vous!

A. **La ville.** When someone asks you about the town pictured on p. 155, you answer using the suggested expressions.

> MODÈLE: Où est la gare? (près de l'église)
> *Elle est près de l'église.*

1. Où est l'hôtel? (à côté de la pharmacie)
2. Où est la banque? (en face de l'église)
3. Où est l'aéroport? (loin de la ville)
4. Où est le bureau de poste? (près de la banque)
5. Où est le musée? (au bout de l'avenue de la République)
6. Où est la pharmacie? (au coin de la rue Carnot et de l'avenue de la République)
7. Où est la gare? (à côté du musée)
8. Où est le restaurant? (entre le théâtre et le bureau de poste)

B. **La ville (suite).** This time, correct the erroneous statements made to you about the city pictured on p. 155.

> MODÈLE: L'aéroport est près de la ville, n'est-ce pas? (loin de)
> *Mais non, il est loin de la ville.*

1. Le restaurant est à côté de l'église, n'est-ce pas? (en face de)
2. La gare est loin du musée, n'est-ce pas? (près de)
3. Le théâtre est en face de la librairie, n'est-ce pas? (à côté de)

4. Le bureau de tabac est au bout de l'avenue de la République, non? (au coin de)
5. Le musée est à côté de la banque, non? (au bout de)
6. La voiture de Monique est dans le parking, derrière l'église? (dans la rue, devant la banque)
7. La banque est en face de la librairie et du bureau de poste? (entre)

C. **On fait la queue.** *(We wait in line.)* While waiting to get into the movies, your brother points out some of his friends to you. He does so by indicating each person's place in line. Use the drawing to give your brother's answers.

Jean-Loup   Jacqueline   Marc   Frédéric   Simone   Francis

MODÈLE: Simone / derrière
Simone? Elle est derrière Francis.

1. Jacqueline / devant
2. Frédéric / derrière
3. Marc / entre

4. Jean-Loup / derrière
5. Francis / devant

PRONONCIATION: *The consonant* **t**

The **t** in French is usually pronounced like the **t** in the English word *stay:* **hôtel, Vittel, hôpital.** The **th** combination in French is also pronounced **[t]**. Compare:

English	French
theater	théâtre
Catholic	catholique

Pratique

D. Read each word aloud, being sure to pronounce both **t** and **th** as **[t]**.

1. thé	5. étudiant	9. à côté
2. tes	6. cathédrale	10. Athènes
3. tante	7. habiter	11. mythe
4. menthe	8. omelette	

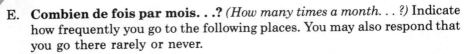

Reprise

E. **Combien de fois par mois. . .?** *(How many times a month. . . ?)* Indicate how frequently you go to the following places. You may also respond that you go there rarely or never.

MODÈLE: Combien de fois par mois est-ce que vous allez à la boucherie?
D'habitude, je vais à la boucherie trois fois par mois. ou:
Je vais rarement à la boucherie. ou:
Je ne vais jamais à la boucherie.

1. Combien de fois par mois est-ce que vous allez à la pharmacie?
2. Et à la banque?
3. Et à la librairie?
4. À l'épicerie?
5. Au bureau de tabac?
6. À la boulangerie?
7. À la piscine?
8. Au bureau de poste?

F. **Quelle note?** *(What grade?)* In French schools, students are usually graded on the basis of twenty, and ten out of twenty is a passing grade. When giving a grade, the French use the preposition **sur** (on, out of): **dix sur vingt.** Play the role of the teacher and announce the grades of the following students.

MODÈLE: Hervé Maréchal: 12/20
— *Hervé Maréchal?*
— *Douze sur vingt.*

1. Colette Marchand: 14/20	5. Henri Saulnier: 11/20
2. Véronique Dupuis: 18/20	6. Jean Leblanc: 15/20
3. Françoise Lévarèque: 9/20	7. Jean-Claude Goidin: 17/20
4. Mireille Tavernier: 13/20	8. Éric Ménétrier: 16/20

Structure

The preposition *de* and the definite article

Elle arrive **de la** gare.	She arrives *from the* station.
Quelle est l'adresse **de l'**hôtel?	What is the address *of the* hotel?
Voilà la voiture **du** professeur.	There is the teacher's car.
Nous parlons **des** élèves.	We are talking *about the* students.

When followed by **la** or **l',** the preposition **de** *(of, about, from)* does not change. However, **de** followed by **le** contracts to form **du** and **de** followed by **les** contracts to form **des:**

de + la → **de la**	**de la** pharmacie
de + l' → **de l'**	**de l'**hôtel
de + le → **du**	**du** musée
de + les → **des**	**des** élèves

The **s** of **des** is silent, except when it precedes a vowel or a vowel sound. Then, in liaison, it is pronounced as a **z: des_églises.**

Application

G. Replace the word in italics and make the necessary changes.

1. Quel est le nom du *restaurant?* (épicerie / banque / musée)
2. Où est l'entrée du *lycée?* (parc / bibliothèque / église)
3. Est-ce que tu as l'adresse du *bureau de tabac?* (hôtel / restaurant / librairie)
4. Non, elle ne parle pas du *professeur.* (médecins / élèves / avocat)

Le savez-vous?

Which of the following can you *not* buy in a *bureau de tabac?*
a) stamps
b) bus and subway tickets
c) cigarettes
d) soft drinks

réponse

*Où se trouve
la librairie?*

Note grammaticale

> ### *De* with prepositions of place
>
> Many of the prepositions of place presented in the **Point de départ** of this **étape** are followed by **de:**
>
> | | |
> |---|---|
> | **près de** *(near)* | **à côté de** *(next to)* |
> | **loin de** *(far from)* | **au bout de** *(at the end of)* |
> | **en face de** *(across from)* | **au coin de** *(at the corner of)* |
>
> This **de** follows the usual rules for contraction:
>
> La voiture est en face **de la** maison.
>
> Tu habites à côté **de l'**hôtel?
>
> Nous sommes près **du** musée.
>
> Le parc est au bout **du** boulevard.

➡ d

The existence of *bureaux de tabac* is related to the large number of French people who smoke. More than 50% of those under the age of 24 are regular smokers, which explains the extensive campaign in France against smoking.

H. Replace the words in italics and make the necessary changes.

1. La banque est *près de* la gare. (à côté / en face / loin)
2. Nous habitons *en face de* l'avenue Leclerc (près / au bout / loin)
3. Est-ce que la pharmacie est *loin du* restaurant? (en face / près / à côté)
4. L'hôtel est près de *la cathédrale.* (université / musée / parc / gare)
5. Le café est en face de *l'épicerie.* (théâtre / boulangerie / bureau de poste / hôtel de ville)

I. **La ville (suite).** Using the map on p. 155, answer these questions that strangers ask about the city. Be as precise as possible.

MODÈLE: Pardon, Monsieur. Le théâtre, s'il vous plaît?
Le théâtre? Il est dans l'avenue de la République, en face de l'hôtel.

1. Pardon, Madame. Le restaurant, s'il vous plaît?
2. Pardon, Monsieur. Où se trouve l'église, s'il vous plaît?
3. Pardon, Mademoiselle. Où est la pharmacie?
4. S'il vous plaît, le musée?
5. La banque, s'il vous plaît?
6. Où est le bureau de poste, s'il vous plaît?
7. Est-ce qu'il y a un bureau de tabac près d'ici?
8. Pardon, Monsieur. L'hôtel, est-ce qu'il est près de l'aéroport?

J. **Moi, je joue du. . .** What musical instruments do you, your friends, and your relatives play? Choose instruments from the drawings and talk about the people mentioned. Notice that the verb **jouer** is followed by **de** before a musical instrument. (The preposition **à** is used only with games.) Be sure to make the appropriate contraction.

le piano

le violon

la guitare

la flûte

le saxophone

la clarinette

la trompette

la batterie

le trombone

Here are some additional musical instruments:

le hautbois *(oboe)*,
la violoncelle *(cello)*,
le tuba,
l'harmonica *(m.)*,
un tambour *(drum)*

MODÈLE: votre frère
 Mon frère joue de la clarinette. ou:
 Mon frère ne joue pas d'un instrument de musique.

1. vous
2. votre père
3. votre mère

4. vos frères et vos sœurs
5. votre ami
6. votre amie

Débrouillons-nous!

K. **Échange.** Ask the following questions of a classmate, who will answer you.

1. Est-ce que tu vas à l'aéroport de temps en temps? Est-ce qu'il est près de la ville? Près du lycée?
2. Est-ce que tu vas souvent au cinéma? Est-ce qu'il y a un cinéma près de ta maison? Qu'est-ce qu'il y a à coté du cinéma?
3. Est-ce qu'il y a une boulangerie près de ta maison? Qu'est-ce qu'il y a en face de la boulangerie?
4. Qu'est-ce qu'il y a entre ta maison et l'école? Une épicerie? Une banque? Une bibliothèque? Des maisons?
5. Qu'est-ce qu'il y a devant l'école? Derrière l'école?

L. **S'il vous plaît?** You are walking down the street in your town when a French-speaking stranger stops you and asks where a certain place (movie theater, bank, train station, drug store, etc.—his/her choice) is located. You indicate the street or avenue and then try to describe the area (such as what is near, next to, across from, behind, between, etc.).

DEUXIÈME ÉTAPE

Point de départ
Pardon, Monsieur. Où est . . . ?

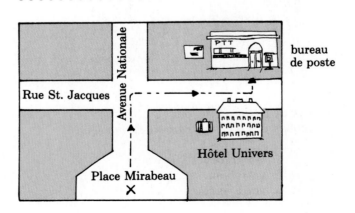

— Pardon, Monsieur. Est-ce qu'il y a un bureau de poste près d'ici?
— Oui, Madame. Dans la rue Saint-Jacques.
— Mais . . . où est la rue Saint-Jacques?
— Bon, vous **traversez la place** et vous allez **tout droit** dans l'avenue Nationale. Continuez **jusqu'à** la rue Saint-Jacques et **tournez à droite.** Le bureau de poste est en face de l'Hôtel Univers, **sur votre gauche.**
— Merci bien, Monsieur.
— Je vous en prie, Madame.

cross the square / straight ahead until (up to) / turn right on your left

Note culturelle

Many American cities are laid out in fairly regular patterns: streets often meet at right angles, run north and south or east and west, and have numbers (Second Avenue, Seventeenth Street) rather than names. In French cities, streets rarely form regular patterns, and they are usually given the name of a landmark (**le boulevard de la Gare**), a famous person (**la rue Balzac**), or a historical event (**l'avenue de la Libération**).

As a result, Americans and French people have different ways of giving directions. Americans often express distance in terms of city blocks and compass points: "Go three blocks east and turn left." But the French don't use the notion of city blocks. Instead, they indicate the cross street on which to turn: **"Vous allez jusqu'à la rue Pascal et vous tournez à gauche."**

À vous!

A. Replace the words in italics. Notice that French uses the preposition **sur** to talk about a square or a boulevard (**sur la place, sur le boulevard**) and the preposition **dans** to talk about streets and avenues (**dans la rue, dans l'avenue**).

1. Traversez *la rue*. (la place / le boulevard / l'avenue)
2. Vous tournez à droite *dans l'avenue Mitterrand*. (dans la rue Ste-Catherine / sur le boulevard des Italiens / sur la place Notre-Dame)
3. Vous continuez tout droit *jusqu'à la rue Jean-Baptiste*. (jusqu'à la place de la Révolution / jusqu'à l'avenue Clemenceau / jusqu'au boulevard Garibaldi).
4. Allez tout droit *jusqu'à l'avenue de la Gare*. (jusqu'au coin / jusqu'au bout de la rue Victor Hugo / jusqu'à la cathédrale)
5. Tournez à gauche *dans la rue Ste-Anne*. (dans l'avenue de la Marine / sur le boulevard Masséna / sur la place Stanislas)

B. **Pardon, Monsieur/Madame.** Play the role of the police officer on duty at the place de la Libération (see the map on p. 165). Explain how to get to the following places.

MODÈLE: le Lycée Camus
— *Pardon, Monsieur (Madame). Le Lycée Camus, s'il vous plaît?*
— *Vous traversez la place de la Libération. Vous continuez sur le boulevard Victor Hugo jusqu'à la rue Notre-Dame. Tournez à gauche et le lycée est en face de la Bibliothèque Municipale.*

1. la gare
2. la pharmacie Girard
3. la Bibliothèque Municipale
4. l'Hôtel Nelson

Reprise

C. **S'il vous plaît. . . ?** Some tourists stop you in the street to ask where certain places are located. Using the map, locate as precisely as possible the places that they are looking for.

MODÈLE: le Théâtre Municipal
— *Le Théâtre Municipal, s'il vous plaît?*
— *Il est en face du parc, à côté du Café du Parc.*

1. la Banque Nationale de Paris (BNP)
2. le bureau de poste
3. le Restaurant Chez Jacques
4. la Boucherie Roger
5. le Cinéma Royal
6. l'Hôtel National
7. la Librairie Catholique
8. le Musée des Beaux-Arts
9. le Stade Municipal
10. l'hôtel de ville

La Boucherie Roger, s'il vous plaît?

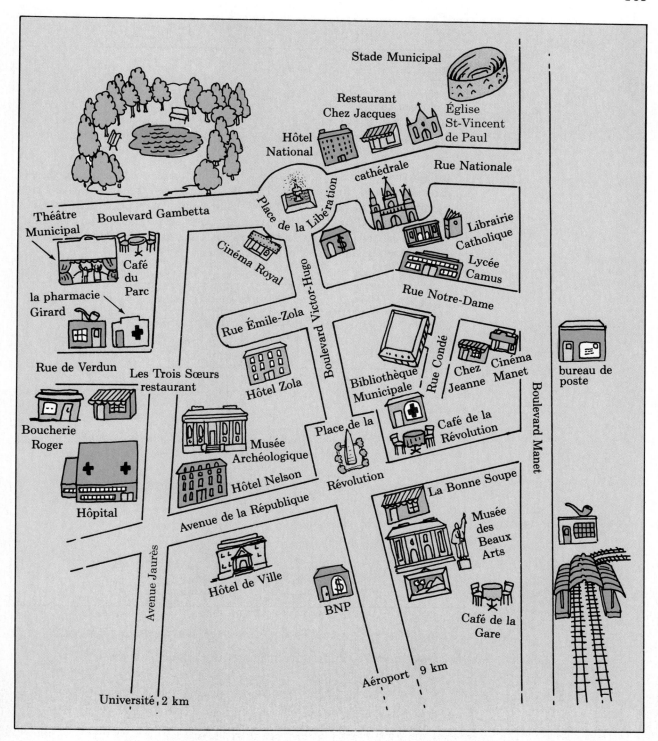

Structure

The imperative

Écoute!	*Listen!*
Faites attention!	*Be careful!* (Pay attention!)
Allons en ville ensemble!	*Let's go* downtown together!

Imperative, or command, forms of the verb are used to give orders, directions, and suggestions. The three forms of the imperative—**tu** (familiar), **vous** (formal or plural), and **nous** (plural, including yourself)—are based on the present tense. The subject pronoun is omitted and the verb is used alone. In written French, the **s** of the **tu** form is dropped for regular **-er** verbs and for **aller:**

Present tense	Imperative	Present tense	Imperative
tu travailles	**travaille!**	tu vas	**va!**
vous travaillez	**travaillez!**	vous allez	**allez!**
nous travaillons	**travaillons!**	nous allons	**allons!**

To form the negative imperative, place **ne** before the verb and **pas** after it:

| **Ne parlez pas** anglais! | *Don't speak* English! |
| **Ne mange pas!** | *Don't eat!* |

The verbs **avoir** and **être** have irregular imperative forms:

avoir	être
aie!	sois!
ayez!	soyez!
ayons!	soyons!

Application

D. Give the three imperative forms of the following verbs.

   MODÈLE: regarder
   Regarde!
   Regardez!
   Regardons!

1. chanter
2. ne pas parler anglais
3. aller au bureau de poste

4. avoir de la patience
5. être sage *(be good, said to a child)*

E. **Dites à. . .** *(Tell . . .)* Use the appropriate command form to get the following people to do what you want.

Dites à votre petit frère de:

MODÈLE: écouter
           Écoute!

1. aller à l'école
2. ne pas regarder la télévision

3. faire attention
4. être sage

Dites à vos amis de:

MODÈLE: chanter
           Chantez!

5. regarder
6. ne pas écouter

7. faire un voyage
8. aller au théâtre

Proposez à vos amis de:

MODÈLE: danser
           Dansons!

9. aller à la boulangerie
10. faire une promenade

11. ne pas parler anglais
12. ne pas manger de sandwiches

F. **Allez-y!** *(Go on and do it!)* Using the suggested verbs, tell one or two of your classmates to do something. They are obliged to obey you! Verbs:

regarder, écouter, chanter, danser, parler, aller, faire des devoirs, chercher, commander

MODÈLE: *Charles et Henri, chantez!*
Anne, parle à Monique!
Éric, dansons!

Débrouillons-nous!

G. **On va à l'école.** Explain to another student how you get from where you live to your school. If you go on foot, use **je;** if you ride to school, use **nous.** Include in your explanation the verbs **aller, traverser, tourner,** and **continuer.**

H. **Au musée.** You and your friends are at an exposition of photographs of famous cities where French is spoken (Montréal, Bruxelles, Genève, Dakar, Alger). You and your friends argue about which sets of photos to look at next. Follow the model.

MODÈLE: — *J'aime les photos de Dakar.*
— *Moi, je préfère les photos de Bruxelles. Ne regarde pas les photos de Dakar.*
— *C'est ça. Regardons les photos de Bruxelles.*

Note culturelle

La francophonie is the term used to designate those countries outside of France itself where French is either the official language or a dominant means of communication. In 1988, some 100 million **francophones** were scattered throughout the world. Over 65 million live in Europe (in Switzerland, Belgium, Luxembourg, for example), some 12 million live in the Americas (Canada, the Caribbean, portions of the United States—Louisiana, New England), approximately 20 million in Africa (mainly Northern Africa and the West Coast), as well as another two million in the Pacific (Polynesia and the Far East) and the Middle East.

Lexique

Pour se débrouiller

Pour demander un renseignement

Où se trouve . . . ?
. . . , s'il vous plaît?

Pour donner un reseignement

à côté de	en face de
au bout de	entre
au coin de	loin de
derrière	près de
devant	

Pour expliquer comment aller quelque part

continuer tout droit	sur la place
jusqu'à . . .	tourner à droite
dans l'avenue	à gauche
dans la rue	traverser
sur (dans) le boulevard	

Thèmes et contextes

Les instruments de musique

la batterie	le saxophone
la clarinette	le trombone
la flûte	la trompette
la guitare	le violon
le piano	

Vocabulaire général

Noms	*Autres expressions*
le plan	je ne sais pas
	par mois

Chapitre 9
Allons au festival!

— On va au festival?
— Oui. Pourquoi pas?

Point de départ

Nous voudrions voir . . .

Nous voudrions voir: We would like to see

• •

Christine Abello habite à Tarascon, dans le **sud** de la France. **Tous les ans** il y a un festival, la Fête des **Fleurs,** à Tarascon. Christine regarde une affiche annonçant le festival de **cette année.**

south / every year
flowers
this year

FÊTE DES FLEURS

Tarascon

samedi 27 juin — Saturday

10h30	**Défilé:** la Grande Cavalcade (Bd Victor-Hugo, Bd Gambetta, Bd Itam)	Parade
11h–12h	Danses folkloriques (place de la Mairie)	
12h–14h	**Dégustation:** specialités de la région **(au bord du Rhône)**	(food) tasting / on the banks of the Rhône river
13h–15h	Concert de rock: Louis Bertgani et «Les Visiteurs» (place de la Mairie)	
14h–18h	Sports: tennis, judo, volley ball (stade municipal)	
14h–18h	Exposition de peintures (musée des Beaux-Arts)	
16h–18h	Concert d'**orgue** (église Ste-Marthe)	organ
19h–21h	Dégustation: spécialités de la region (au bord du Rhône)	
21h30	Spectacle **son et lumière** (devant le **château**)	Sound and Light / castle
22h30	**Feux d'artifice** (au bord du Rhône)	Fireworks
23h	**Bal** populaire (devant le château)	Dance

À vous!

A. **Où? À quelle heure?** *(Where? At what time?)* You are staying in Tarascon at the time of the festival. You run into a group of American tourists who do not speak French and are confused by the schedule of events. Answer their questions. Reminder: In France, many public events are listed according to official time (that is, using a 24-hour clock rather than the 12-hour clock used to express time in conversation).

MODÈLE: Where are the fireworks? And when?
On the banks of the Rhone river. They start at 10:30 p.m.

1. Where are the folk dances? What time?
2. When does the parade start? Where will it go?
3. If we get hungry, is there food to eat? Where? When?
4. My husband and I love classical music. Are there any concerts? Where? When?
5. Our children hate classical music. Is there anything for them? When? Where?
6. What time does the dancing begin?
7. The little boys would like to watch some sporting events. Where can they go? All day?
8. We heard there was a historical pageant with music and lights. What time does that start? Where do we go to see it?

B. **Qu'est-ce que vous voudriez faire?** You and your French friends are talking about the festival. Ask the people indicated below what they would like to do or see. A classmate will answer with the information provided. In the questions and answers, use the appropriate form: **je voudrais, tu voudrais, vous voudriez,** or **nous voudrions.**

MODÈLES: Martin / voir le défilé
— *Martine, qu'est-ce que tu voudrais faire?*
— *Je voudrais voir le défilé.*

Paul et René / aller à l'exposition de peintures
— *Paul et René, qu'est-ce que vous voudriez faire?*
— *Nous voudrions aller à l'exposition de peintures.*

1. Giselle / voir les danses folkloriques
2. Gérard / aller au concert d'orgue
3. Renée et Isabelle / aller au concert de rock
4. Isabelle et David / voir le défilé
5. Alain / regarder le judo au stade municipal
6. Véronique / manger des spécialités de la région
7. Marc et Sylvie / aller au bal
8. Christiane et Monique / voir le son et lumière

C. Est-ce qu'il y a. . . ? You are at the American Embassy in the African city of Bamako, the capital of Mali (see the map below. Find out if certain places are nearby.

Among the places you might be looking for are **une pharmacie, un bureau de tabac, un bureau de poste, une épicerie, le commissariat de police, une boulangerie, un café, un restaurant, une boucherie, une banque, un hôtel, l'hôpital.**

MODÈLE: boucherie
— *Pardon. Est-ce qu'il y a une boucherie près d'ici?*
— *Non, il n'y a pas de boucherie près d'ici, mais il y a une boucherie dans l'avenue de la Liberté.*

Mali is a country of almost 8,000,000 inhabitants located in West Africa between Algeria and Mauritanina. Formerly called the French Sudan, it gained its independence in 1958.

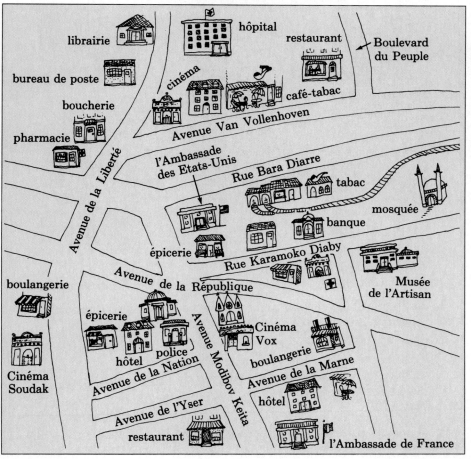

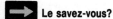 **Le savez-vous?**

Why would someone go to a *syndicat d'initiative?*
a)   to get tourist information
b)   to obtain a business loan
c)   to ask for protection

réponse

Structure

 a

Quelle heure est-il?

Il est une heure.

Il est deux heures.

Il est deux heures dix.

Il est deux heures et quart.

Il est deux heures et demie.[1]

Il est trois heures moins vingt.

Il est trois heures moins le quart.

Il est midi.

Il est minuit et demi.[1]

To distinguish between A.M. and P.M., use the expressions **du matin** *(in the morning)*, **de l'après-midi** *(in the afternoon)*, or **du soir** *(in the evening)*.

9:12 A.M.	**neuf heures douze du matin**
2:30 P.M.	**deux heures et demie de l'après-midi**
8:40 P.M.	**neuf heures moins vingt du soir**

[1]The word **heure** is feminine; consequently, the word **demie** ends in **-e**. However, since **midi** and **minuit** are masculine, no **-e** is added when **demi** follows these two expressions.

Application

D. Give the time for every three minutes between **9h** and **10h**.

E. **Quelle heure est-il?** Find out the time from a classmate. Indicate whether it is morning **(du matin)**, afternoon **(de l'après-midi)**, or evening **(du soir)**.

MODÈLE: 2h20
— *Quelle heure est-il?*
— *Il est deux heures vingt de l'après-midi (du matin).*

1. 8h20	6. 11h45
2. 12h00	7. 4h15
3. 3h10	8. 5h35
4. 1h30	9. 7h45
5. 10h55	10. 10h25

Note grammaticale

Questions about time

To ask someone *what time* something happens, use **À quelle heure...?** The response to this question requires either the preposition **à** (if you give an exact time) or the preposition **vers** (if you give an approximate time).

— **À quelle heure** est-ce qu'on mange?	— *What time* do we eat?
— **À 6h15.**	— *At 6:15.*
— **Vers 6h.**	— *Around 6 o'clock.*

To ask someone *when* something occurs, use **quand.** To indicate that something happens *between* two times, use either **entre . . . et . . .** or **de . . . jusqu'à . . .**

— **Quand** est-ce que tu fais ton français?	— *When* do you do your French?
— **Entre 8h et 9h.**	— *Between 8 and 9 o'clock.*
— **Quand** est-ce que ta mère travaille?	— *When* does your mother work?
— Elle travaille **de 4h jusqu'à minuit.**	— She works *from 4 until midnight.*

F. **On va au festival de Tarascon.** You want to find out when you and your friends are going to do certain things the day of the festival. Answer the questions using the information provided.

   MODÈLE: Quand est-ce qu'on va à l'exposition de peintures? (vers 3h)
              On va à l'exposition vers 3h.

   1. À quelle heure est-ce qu'on va au défilé? (vers 10h)
   2. À quelle heure commence *(begins)* le concert de rock? (à 1h)
   3. Quand est-ce qu'on mange? (entre midi et 2h)
   4. Quand est-ce que nous avons la possibilité de regarder le judo? (de 2h jusqu'à 6h)
   5. À quelle heure est-ce qu'on va au son et lumière? (vers 9h)
   6. À quelle heure commencent les feux d'artifice? (à 10h30)
   7. Quand est-ce qu'on fait des danses folkloriques? (entre 11h et midi)
   8. À quelle heure est-ce que le bal commence? (vers 11h)

Débrouillons-nous!

G. **Où es-tu d'habitude?** Find out from a classmate where he/she usually is at the following times. Some possible answers: **à la maison, à l'école, en ville, au travail, chez mon ami(e),** etc.

   1. En semaine *(during the week)*, où es-tu à 9h du matin? À midi? À 5h de l'après-midi? À 8h du soir?
   2. Le samedi *(on Saturdays)*, où es-tu à 8h du matin? À 11h du matin? À 3h de l'après-midi? À 9h du soir?
   3. Le dimanche *(on Sundays)*, où es-tu à 9h30 du matin? À 11h30? À 2h de l'après-midi? À 6h du soir?

H. **Au festival de Tarascon.** Imagine that your class is in Tarascon for the annual **Fête des Fleurs.** Ask your classmates what they would like to see. Then find out at what time the activity begins and where you go.

   MODÈLE: — *Janet, qu'est-ce que tu voudrais faire?*
              — *Moi, je voudrais voir les danses folkloriques.*
              — *À quelle heure commencent les danses?*
              — *À 11h.*
              — *Où est-ce qu'on va?*
              — *On va à la place de la Mairie.*

POURQUOI?

When your French friend, who lives on the fifth floor of an old **immeuble,** invites you to come visit, he reminds you to turn on the light in the staircase before starting upstairs. The next evening, when you arrive, you follow his instructions and then head up to his apartment. However, when you are just on the third floor, the lights go out, and you are forced to grope your way to the top floor where he is waiting for you. He says: "Why didn't you turn the light on?" You reply: "But I did." What happened?

a. Someone turned off the light, not knowing you were on the stairs.
b. There are frequent power failures in France.
c. The stairway light is on a timer in order to save electricity.
d. You have to push the light button once for each floor you want to go to.

C'est quand, la Fête des Fleurs?

Le château de Tarascon

DEUXIÈME ÉTAPE

Point de départ
Rendez-vous à 10h

Rendez-vous: meeting

Christine et ses amis parlent du festival.

CHRISTINE:	**Alors,** qu'est-ce qu'on fait?	so
JEAN-LOUP:	Allons voir le défilé!	
CÉCILE:	**D'accord. Bonne idée!**	OK! / Good idea!
PATRICIA:	Oui. Pourquoi pas?	
DAVID:	Mais moi, je voudrais faire du tennis.	
CHRISTINE:	Pas de problème! D'abord, on va voir le défilé et ensuite on va au stade faire du tennis. Ça va?	
DAVID ET LES AUTRES:	Oui, ça va.	
CÉCILE:	Où est-ce qu'**on se retrouve?**	we meet
DAVID:	Et à quelle heure?	
CHRISTINE:	Sur le boulevard Gambetta, devant le parking, vers 10h. D'accord?	
LES AUTRES:	D'accord.	
PATRICIA:	Alors, **c'est décidé.** Rendez-vous à 10h devant le parking sur le boulevard Gambetta.	it's settled

À vous!

A. **Qu'est-ce qu'on fait?** You and a classmate are planning to attend the **Fête des Fleurs** at Tarascon. Ask your classmate what he/she wants to do at the festival. When your classmate suggests an activity, indicate your agreement by saying, **"D'accord. Bonne idée!"** or **"Oui. Pourquoi pas?"**

MODÈLES: aller voir le défilé
— *Alors, qu'est-ce qu'on fait?*
— *Allons voir le défilé!*
— *D'accord. Bonne idée!*
— *Bon. C'est décidé. On va voir le défilé.*

regarder le judo
— *Alors, qu'est-ce qu'on fait?*
— *Regardons le judo!*
— *Oui. Pourquoi pas?*
— *Bon. C'est décidé. On regarde le judo.*

1. écouter le concert de rock
2. manger des spécialités de la région
3. aller au bal populaire
4. aller voir le son et lumière
5. regarder le tennis
6. aller voir les feux d'artifice

 Le savez-vous?

Gothic cathedrals, such as Reims and Chartres, were built in what time period?
a) twelfth and thirteenth centuries
b) sixteenth century
c) nineteenth century

réponse

B. **Mais moi, je voudrais. . .** When you propose an activity to your class-mate, he/she has a different idea. Settle the disagreement by suggesting that first **(d'abord)** you do one activity and then **(ensuite)** you do the other.

MODÈLE: aller voir les danses folkloriques / écouter le concert de jazz
— *Alors, qu'est-ce qu'on fait?*
— *Allons voir les danses folkloriques!*
— *Mais moi, je voudrais écouter le concert de jazz.*
— *D'abord, on va voir les danses folkloriques et ensuite on écoute le concert de jazz.*
— *Bon. D'accord.*

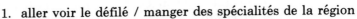
a

Gothic cathedrals are charac-terized by their height, the flying buttresses that support the walls, and the numerous stained-glass windows.

1. aller voir le défilé / manger des spécialités de la région
2. écouter le concert de rock / regarder le judo
3. regarder le tennis / écouter le concert d'orgue
4. manger des spécialités de la région / aller voir le son et lumière
5. aller voir les feux d'artifice / aller au bal populaire

C. **À quelle heure est-ce qu'on se retrouve? Et où?** You and your class-mate have decided where to go. Now you need to arrange a time and place to meet.

MODÈLE: 10h / devant le parking sur le boulevard Gambetta
— *À quelle heure est-ce qu'on se retrouve?*
— *À 10h.*
— *Et où?*
— *Devant le parking sur le boulevard Gambetta.*
— *D'accord. Rendez-vous à 10h devant le parking sur le boulevard Gambetta.*

1. 11h / à la place de la Mairie
2. 3h / au stade
3. 4h / à l'église Sainte-Marthe
4. 9h / devant le château

Reprise

D. **Quelle heure est-il?** Answer according to the cues.

MODÈLE: 2h30
— *Quelle heure est-il?*
— *Il est deux heures et demie.*

1. 7h25	3. 10h15	5. 8h10	7. 4h40	9. 8h33
2. 11h52	4. 3h30	6. 1h45	8. 12h05	10. 9h16

E. **Moi, je voudrais écouter le concert d'orgue.** You have met some students who are staying at the **Hôtel Terminus** in Tarascon. As each of the students tells you what he/she would like to do, tell him/her where to go and how to get there. Reminder: In giving directions to a student, use the familiar forms: **tu vas, tu continues, tu tournes, tu traverses,** etc.

MODÈLE: écouter le concert d'orgue / l'église Sainte-Marthe
— *Moi, je voudrais écouter le concert d'orgue.*
— *Eh bien, tu vas à l'église Sainte-Marthe.*
— *Elle est près d'ici?*
— *Oui, tu vas au boulevard Victor-Hugo, tu tournes à gauche, tu continues sur le boulevard Victor-Hugo jusqu'au boulevard du Château, tu tournes à droite et l'église Sainte-Marthe est sur ta droite, en face du château.*

1. aller au concert de jazz / la place de la Mairie
2. regarder le tennis / le stade municipal
3. voir l'exposition de peintures / le musée des Beaux-Arts
4. voir les feux d'artifice / le château

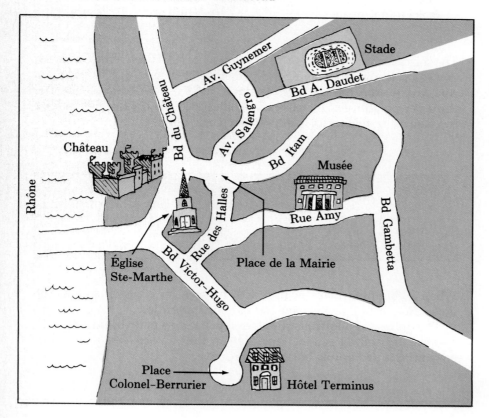

Structure

Possessive adjectives—third person

— C'est le vélo de Bénédicte?   — It's Bénédicte's bike?
— Oui, c'est **son** vélo.   — Yes, it's *her* bike.

— Où est la chambre de Mathieu?   — Where is Mathieu's room?
— **Sa** chambre est là-bas.   — *His* room is over there.

— Tu aimes les amis de ta sœur?   — Do you like your sister's
                                          friends?
— Oui, en général, j'aime **ses** amis. — Yes, generally I like *her*
                                          friends.

— Où sont les disques de Jeanne   — Where are Jeanne and
  et de Monique?   Monique's records?
— Voici **leurs** disques.   — Here are *their* records.

The third-person singular forms of the possessive adjectives are **son, sa,** and **ses.** Like the first- and second-person possessive adjectives (**mon, ta, nos, votre,** etc.), these adjectives agree with the noun they modify. The third-person plural of the possessive adjective has only two forms: **leur** (with singular nouns) and **leurs** (with plural nouns).

Subject	Masculine singular	Feminine singular	Masc. and fem. plural	English equivalent
il/elle/on	son	sa	ses	*his* or *her*
ils/elles	leur	leur	leurs	*their*

When a feminine noun begins with a vowel or a vowel sound, the masculine form **(son)** is used: **son‿auto, son‿amie.**

The **s** of **ses** and **leurs** is silent, except before a noun beginning with a vowel or a vowel sound. Then liaison takes place: **ses livres,** but **ses‿amis; leurs vélos,** but **leurs‿avocats.**

Note grammaticale

Because a possessive adjective agrees with the noun that it modifies and *not* with the person who possesses, the gender of the possessor must be determined from the context, not from the adjective.

son père	*his father* or *her father*
son vélo	*her bike* or *his bike* (**Vélo** is masculine.)
sa mère	*his mother* or *her mother*
sa chambre	*her room* or *his room* (**Chambre** is feminine.)
ses amis	*her friends* or *his friends* (**Amis** is plural.)

Application

F. Replace the word in italics and make the necessary changes.

1. Voilà son *stylo*. (cahier / appartement / amie / vélo)
2. Où est sa *chambre?* (maison / calculatrice / clé / télévision)
3. Ce sont ses *clés?* (disques / cahiers / amis / stylos)
4. Où est leur *appareil-photo?* (transistor / voiture / hôtel / appartement)
5. Voici leurs *livres.* (clés / amies / crayons / disques)

G. Replace the word in italics and make the necessary changes.

1. Voici son *crayon*. (maison / appartement / ami / amie / disques / amis)
2. Voilà leur *maison*. (chambre / voiture / clés / amis / ordinateur)

H. Answer the questions affirmatively.

MODÈLE: C'est le cahier de Pierre?
          Oui, c'est son cahier.

1. C'est le cahier d'Anne-Marie?
2. C'est la chambre de Robert?
3. C'est la chambre d'Annick?
4. Ce sont les clés d'Éric?
5. Ce sont les clés de Véronique?
6. Ce sont les clés de Pascale et de Roger?
7. C'est la chambre de Guy et de Chantal?
8. C'est l'amie de Claire?
9. C'est l'amie de Jean-Luc?
10. Ce sont les amis d'Yvonne?

I. **À qui est. . .?** *(Whose . . . ?)* Find out to whom the objects belong.

Dominique   *Le professeur*   *M. et Mme Pagnol*

MODÈLE: la chaîne stéréo
     — *À qui est la chaîne stéréo?*
     — *C'est la chaîne stéréo de Dominique.*
     — *Oui, c'est sa chaîne stéréo.*

1. le cahier
2. la voiture
3. les chiens
4. le vélo
5. les livres

6. l'appareil-photo
7. la maison
8. les clés
9. la chambre

Débrouillons-nous!

J. **Échange.** Ask the questions of another student, who will answer using a possessive adjective **(son, sa, ses, leur, leurs)** when possible.

1. Où est-ce que ta famille habite? Et la famille de ton ami(e)?
2. Où est-ce que tes parents travaillent? Et les parents de ton ami(e)?
3. Quel est ton nom de famille? Et le nom de famille de ton ami(e)?

K. **Qu'est-ce qu'on fait?** Make plans with one or more of your classmates to do something. Agree on an activity. Then arrange a time and place to meet. Possible activities: **aller au cinéma, aller à un concert, faire une promenade, regarder la télé, écouter des disques.**

Lexique

Pour se débrouiller

Pour organiser une activité

Qu'est-ce que tu voudrais faire?
vous voudriez voir?
Je voudrais voir. . .
Nous voudrions aller. . .
Allons. . .
Faisons. . .
D'accord. Bonne idée.
Oui. Pourquoi pas?

Pour fixer un rendez-vous

À quelle heure est-ce qu'on
se retrouve?
Où est-ce qu'on se retrouve?
On se retrouve à. . .
Rendez-vous à. . .

Pour demander et donner l'heure

Quelle heure est-il?
Il est une heure.
une heure et quart.
une heure et demie.
deux heures moins
le quart
midi.
minuit.

Pour établir la possession

À qui est. . . ?
C'est le (la, l', les) de. . .
C'est (Ce sont) son (sa, ses). . .
leur (leurs). . .

Vocabulaire général

Noms

un bal
un concert d'orgue
de rock
un défilé
les danses folkloriques *(f. pl.)*
la dégustation
un festival
les feux *(m.pl.)* d'artifice
un spectacle son et lumière
une spécialité de la région

Autres expressions

alors
C'est décidé.
tous les ans

MISE AU POINT

LECTURE: Visitez Fougères!

Read the following tourist brochure published by the tourist office of
Fougères, a city in eastern Brittany. Use the many cognates to do Exercise A
without looking at the definitions that follow the reading.

> *"Nulle part en France
> le voyageur ne rencontre
> de contraste aussi grandiose ...
> La Bretagne est là
> dans sa fleur"*
>
> **Balzac.**

FOUGÈRES Ville d'Art
Citadelle du Duché de Bretagne

Visitée et chantée par les grands écrivains[1] de l'époque
romantique, FOUGÈRES offre aux touristes, aux
historiens, aux peintres, avec le souvenir vivant de son
passé et de son site incomparable, le spectacle de ses
monuments d'architecture militaire avec son château et
ses fortifications urbaines, de foi[2] médiévale avec ses
magnifiques églises.

Riche de son passé, FOUGÈRES est de nos jours[3] un
centre industriel et agricole très important.

[1]writers
[2]faith
[3]nowadays

Compréhension

A. **La brochure.** After your first reading of the passage, list as many facts
   about the city of Fougères as you can. Then read the passage again, consulting the definitions at the end, and add to your list any attractions or
   ideas that you missed.

B. **Visitez Fougères!** Fill in the text for this poster encouraging tourists to visit Fougères.

C. **Visitez. . . !** Create a poster, similar to the one for Fougères, aimed at attracting French-speaking tourists to your town or area.

Reprise

D. **Qu'est-ce qu'on fait cet après-midi?** You and a classmate are trying to decide what to do after school this afternoon (**cet après-midi**). When your classmate proposes an activity, agree and then arrange a time and place to meet.

MODÈLE: manger quelque chose / au Macdo, 3h30
— *Alors, qu'est-ce qu'on fait cet après-midi?*
— *Moi, je voudrais manger quelque chose.*
— *Pourquoi pas? Où est-ce qu'on se retrouve?*
— *Au Macdo. À trois heures et demie.*
— *Bon. D'accord. Rendez-vous à trois heures et demie au Macdo.*

1. manger quelque chose / au Burger King, 3h45
2. regarder la télé / chez moi (toi), 4h
3. aller au cinéma / au cinéma, 5h30
4. faire une promenade / devant l'école, 3h

E. **Non, ce n'est pas ça.** *(No, that's not right.)* Your brother has some mistaken ideas about the families of your new friends. Correct his mistakes, using the appropriate possessive adjectives **(son, sa, ses, leur, leurs)**

> MODÈLE: Le frère de François habite à Toulon. (à Toulouse)
> *Non, ce n'est pas ça. Son frère habite à Toulouse.*

1. La sœur de Jacques habite à Nîmes. (à Nice)
2. La sœur de Denise travaille à Cherbourg. (à Strasbourg)
3. Le frère de Daniel travaille à Rouen. (à Rennes)
4. Le frère de Chantal travaille à Nantes. (à Nancy)
5. Les cousins de Janine sont de Lyon. (de Lille)
6. Les cousins de Marcel sont de Grenoble. (de Genève)
7. Les parents de Béatrice sont professeurs. (avocats)
8. Les parents de Didier et de Maurice sont médecins. (ingénieurs)

Révision

In this **Révision,** you will review:

- the irregular verb **aller;**
- **à** + definite article;
- the numbers from 11 to 29;
- **de** + definite article;
- place prepositions and adverbs;
- the imperative;
- telling time;
- the possessive adjectives.

The irregular verb *aller*

je **vais**	nous **allons**
tu **vas**	vous **allez**
il, elle, on **va**	ils, elles **vont**

à + definite article

à + la	⟶ **à la**
à + l'	⟶ **à l'**
à + le	⟶ **au**
à + les	⟶ **aux**

Numbers from 11 to 29

onze	quinze	dix-neuf
douze	seize	vingt
treize	dix-sept	vingt et un
quatorze	dix-huit	vingt-deux, *etc.*

F. **On va en ville.** Your brothers and sisters are all heading into town to do errands. Ask where each is going.

Librairie Moderne, 12 rue Bordet
Boulangerie Ancienne, 19 bd Mouchy
Boucherie Campion, 15 avenue des Bois
Pharmacie du Moulin, 14 rue du Moulin
Tabac Royal, 16 bd de la Plaine
Épicerie de la Ville, 11 avenue d'Orléans
Café des Sports, 28 rue Legrand

MODÈLE: — *Où est-ce que tu vas?*
         — *Je vais à la Pharmacie du Moulin.*
         — *Où est-ce qu'elle se trouve?*
         — *14 rue du Moulin.*

1. Où est-ce que Henri va?
2. Et Martine?
3. Et Jean-Pierre et Isabelle?
4. Et vous deux, Éric et Patrice?

De + definite article	Place prepositions and adverbs	
de + la ⟶ **de la**	**près (de)**	**devant**
de + l' ⟶ **de l'**	**loin (de)**	**derrière**
de + le ⟶ **du**	**à côté (de)**	**entre**
de + les ⟶ **des**	**en face (de)**	
	au bout (de)	
	au coin (de)	

G. **Au service des renseignements.** You are working at the information
bureau at the railroad station. When a traveler asks for help, you look at
your map (p. 165) and give precise information, including the exact name
of the place.

MODÈLE: café / près du parc
         — *Pardon. Est-ce qu'il y a un café près du parc?*
         — *Oui, sur le boulevard Gambetta, à côté du théâtre.*
         — *Quel est le nom du café?*
         — *C'est le Café du Parc.*

1. hôtel / près de la place de la Libération
2. cinéma / près de la gare
3. restaurant / près de l'hôpital
4. boulangerie / près du bureau de poste
5. restaurant / près du Lycée Camus
6. café / près du Musée Archéologique

The imperative

The imperative is usually formed by using the present-tense form (**tu, vous, nous**) of the verb without the subject (**avoir** and **être** are exceptions). Remember that the **-s** of the **tu** form is dropped for regular **-er** verbs and for **aller**:

regarder	aller	faire	avoir	être
regarde!	va!	fais!	aie!	sois!
regardez!	allez!	faites!	ayez!	soyez!
regardons!	allons!	faisons!	ayons!	soyons!

H. **Écoute! Écoutez! Écoutons!** Using the verbs suggested, give five commands or suggestions to each of the following people or groups. Select from the verbs provided. Use both affirmative and negative forms.

1. Vous parlez à votre petit frère. (écouter, regarder, faire attention, être sage, manger, parler, chanter)

   MODÈLE: *Écoute!*

2. Vous parlez à un groupe de touristes. (écouter, aller, regarder, traverser, tourner, parler, manger, visiter)

   MODÈLE: *Écoutez!*

3. Vous parlez à vos amis. (écouter, aller, regarder, manger, danser, visiter, travailler, étudier)

   MODÈLE: *N'écoutons pas la radio!*

Telling Time

Quelle heure est-il?	**Il est huit heures (8h).**
	huit heures dix (8h10).
	huit heures et quart (8h15).
	huit heures et demie (8h30).
	neuf heures moins vingt (8h40).
	neuf heures moins le quart (8h45).
	midi (12h).
	minuit (12h).

To distinguish between A.M. and P.M., specify morning (**du matin**), afternoon (**de l'après-midi**), or evening (**du soir**).

I. **Une réunion familiale.** Your family has organized a big reunion, and relatives are arriving from all over the country at various times of the day and night. Using the indicated information, explain to the French exchange student who is staying with you at what time the following people are arriving. When appropriate, distinguish between A.M. and P.M.

MODÈLE: ton oncle Jim / 3:00 P.M.
— *À quelle heure arrive ton oncle Jim?*
— *Il arrive à trois heures de l'après-midi.*

1. ta tante Sara / 7:00 A.M.
2. ton oncle Bill / 10:45 P.M.
3. ton grand-père / 12:20 P.M.
4. ta cousine de New York / 6:30 P.M.
5. tes cousins de San Francisco / 4:15 P.M.
6. ta grand-mère / 12:50 A.M.
7. tes cousins de Chicago / 1:10 P.M.
8. ta tante Kathy / 5:30 A.M.

Quelle heure est-il?

Possessive adjectives

Remember that the possessive adjective in French agrees with the object possessed, not with the possessor.

mon	**ma**	**mes**
ton	**ta**	**tes**
son	**sa**	**ses**
notre	**notre**	**nos**
votre	**votre**	**vos**
leur	**leur**	**leurs**

Mon, ton, son are also used with feminine nouns that begin with a vowel or a vowel sound.

J. **Non, ce n'est pas. . .** The questioner tries to identify the owner of each object. Each group member denies ownership and attributes it to one or two other students in the group. Finally, the questioner admits that it belongs to him/her.

MODÈLE: livre

ÉLÈVE A: *C'est ton livre?*
ÉLÈVE B: *Non, ce n'est pas mon livre. C'est son livre.*
ÉLÈVE C: *Mais non, ce n'est pas mon livre. C'est leur livre.*
ÉLÈVE D: *Non, ce n'est pas notre livre. C'est son livre.*
ÉLÈVE A: *Oui, c'est vrai. C'est mon livre.*

1. vélo   4. calculatrice
2. maison   5. clés
3. disques   6. ordinateur

Point d'arrivée

K. **On se renseigne.** You have been living in the town on p. 165 for several months. A stranger stops you in the street and asks directions. Help the stranger find the desired destination.

You are at	**The stranger is looking for**
the railroad station	the Hôtel Zola
the Hôtel Nelson	the Librairie Catholique
the cathedral	a restaurant (near the hospital)
the archeological museum	a bank

L. **Mon ami(e).** Make a presentation to the class about a friend of yours. Among the information you might provide are the person's name, interests, family background, possessions, likes, and dislikes.

M. **Au Café de la Révolution.** You and an Austrian pen pal have just arrived in the town on p. 165. While having lunch at the Café de la Révolution, you talk about your families, your interests, and the like. Then you look at the map and discuss the best way to get to your next destination. You are going to the park and your pen pal is meeting his/her family in front of the cathedral.

N. **Au festival de Tarascon.** You and one or more of your classmates are in Tarascon for the festival. Using the poster on p. 171, plan your activities for the day. You will probably want to do some activities together. However, each person should have one activity that he/she will do alone. You can then make plans to meet again later in the day.

J'habite dans la ville de Tarascon, dans le sud de la France, non loin d'Avignon. Notre appartement se trouve dans la rue des Halles, en face de l'hôtel de ville et tout près du château. J'y habite avec mes parents et ma sœur Danielle. Tarascon est la ville natale de Tartarin de Tarascon, personnage héroïque inventé par l'auteur Alphonse Daudet. Tous les ans à Tarascon je participe à la fête des Fleurs; cette année je vais faire des danses folkloriques.

Véronique Béziers

TARASCON

Regular verbs in -er

Présent	*Passé Composé*
parler	
je parle	j'ai parlé
tu parles	tu as parlé
il parle	il a parlé
nous parlons	nous avons parlé
vous parlez	vous avez parlé
ils parlent	ils ont parlé

Imperative: *parle, parlons, parlez*

Irregular verbs

Présent	*Passé Composé*
aller	
je vais	je suis allé(e)
tu vas	tu es allé(e)
il va	il est allé
nous allons	nous sommes allé(e)s
vous allez	vous êtes allé(e)(s)
ils vont	ils sont allés

Imperative: *a, allons, allez*

avoir	
j'ai	j'ai eu
tu as	tu as eu
il a	il a eu
nous avons	nous avons eu
vous avez	vous avez eu
ils ont	ils ont eu

Imperative: *aie, ayons, ayez*

devoir	
je dois	j'ai dû
tu dois	tu as dû
il doit	il a dû
nous devons	nous avons dû
vous devez	vous avez dû
ils doivent	ils ont dû

Imperative: *dois, devons, devez*

Présent	*Passé Composé*

être

je suis	j'ai été
tu es	tu as été
il est	il a été
nous sommes	nous avons été
vous êtes	vous avez été
ils sont	ils ont été

Imperative: sois, soyons, soyez

faire

je fais	j'ai fait
tu fais	tu as fait
il fait	il a fait
nous faisons	nous avons fait
vous faites	vous avez fait
ils font	ils ont fait

Imperative: ais, faisons, faites

prendre

je prends	j'ai pris
tu prends	tu as pris
il prend	il a pris
nous prenons	nous avons pris
vous prenez	vous avez pris
ils prennent	ils ont pris

Imperative: prends, prenons, prenez

vouloir

je veux	j'ai voulu
tu veux	tu as voulu
il veut	il a voulu
nous voulons	nous avons voulu
vous voulez	vous avez voulu
ils veulent	ils ont voulu

Imperative: veuille, voulons, veuillez

Glossary of Functions

The numbers in parentheses refer to the chapter in which the word or phrase may be found.

Ordering/taking orders for food or beverages

Je vais prendre . . . (1)
Je voudrais . . . (1), (4)
Qu'est-ce que tu prends? (1)
Qu'est-ce que tu voudrais? (2)
Qu'est-ce que tu manges? (3)
Vous désirez? (1)

Greeting and taking leave of someone

Bonjour. (1), (2)
Ça va (bien)? (1)
Oui, ça va bien. (2)
Comment allez-vous? (2)
Je vais très (bien). (2)
Comment ça va? (1)
Pas mal. (1)
Salut. (1)
À bientôt. (1), (2)
À tout à l'heure. (1), (2)
Allez, au revoir. (1)
Au revoir. (1), (2)

Being polite

S'il vous plaît. (1)
Merci (bien). (1)
Je vous en prie. (1)

Introducing

Enchanté(e). (2)
Je te présente . . . (1)
Je voudrais vous présenter... (2)
Je vous présente . . . (2)

Asking yes/no questions

Est-ce que . . . ? (1)
. . . , n'est-ce pas? (1)

Identifying nationalities and professions (3)

Identifying personal possessions

À qui est... ? (9)
C'est le (la, l', les) . . . de (9)
C'est (Ce sont) son (sa, ses) . . . (9)
              leur (leurs) . . . (9)
Chez nous, nous avons . . . (4)
Dans ma chambre, j'ai . . . (4)
Pour aller en classe, j'ai . . . (4)
Pour aller en ville, j'ai . . . (4)
Qui a . . . ? (4)

Doing math problems

Deux et trois font . . . (4)
Combien font deux et deux? (7)
Trois fois vingt font . . . ? (12)
Tu as raison. (4)
Tu as tort. (4)

Talking about my preferences

J'adore . . . (5)
J'aime   assez bien . . . (5)
          beaucoup . . . (5)
          mieux . . . (5)
Je déteste . . . (5)
Je n'aime pas . . . (5)
Je préfère . . . (5)

Talking about myself and my family

J'ai . . . (6)
J'habite avec . . . (6)

Je m'appelle . . . (6)
Je suis . . . (6)

Getting information about other people
Combien de . . . ? (6)
Comment s'appelle . . . ? (6)
Où . . . ? (6)
Pourquoi . . . ? (6)
Qu'est-ce que . . . ? (6)
Quel . . . ? (6)
Quel âge avez-vous? (7)
J'ai . . . ans. (7)

Expressing frequency/time
d'abord (7), (14)
aujourd'hui (10), (11)
ce matin (10)
ce soir (10)
cet après-midi (10)
de temps en temps (7)
demain (10)
enfin (14)
ensuite (7), (14)
ne . . . jamais (7)
pendant (13)
puis (14)
quelquefois (7)
rarement (7)
souvent (7)
toujours (7)
tous les ans (9)

Asking for directions
Est-ce qu'il y a un(e) . . . près d'ici? (7)
Où est . . . ? (7)
Où se trouve . . . ? (8)
Pardon . . . (7)
. . . s'il vous plaît? (8)

Giving directions
continuer   jusqu'à. . . (8)
             tout droit . . . (8)
Il (elle) est à côté de . . . (8)
             au bout de . . . (8)
             au coin de . . . (8)
             continuer tout droit jusqu'à . . (6)
             dans l'avenue . . . (7,) (8)
             dans la rue . . . (7), (8)

derrière . . . (8)
devant . . . (8)
en face de . . . (8)
entre . . . (8)
loin de . . . (8)
près de . . . (8)
sur (dans) le boulevard . . . (8)
sur la place . . . (8)
tourner à droite (à gauche) (8)
traverser (8)

Talking about leisure time activities
D'accord. (9)
Allons . . . (9)
Bonne idée. (9)
C'est décidé. (9)
Faisons . . . (9)
J'ai envie de . . .
Je voudrais voir . . . (9)
Nous faisons une promenade. (6)
Nous voudrions aller . . . (9)
Oui. Pourquoi pas? (9)
Qu'est-ce que tu aimes faire? (6)
Qu'est-ce que   tu voudrais faire? (9)
                vous voudriez voir? (9)
Tu fais du ski? (6)

Making plans to meet
À quelle heure est-ce qu'on se retrouve? (9)
On se retrouve à . . . (9)
Où est-ce qu'on se retrouve? (9)
Rendez-vous à . . . (9)

Telling time and day
C'est aujourd'hui . . . ? (10)
Quelle heure est-il? (9)
Il est   une heure. (9)
         une heure et quart. (9)
         une heure et demie. (9)
         deux heures moins le quart. (9)
         midi. (9)
         minuit. (9)

Making plans to go into town
D'accord. (10)
Avec plaisir. (11)
Bien sûr. (11)
C'est impossible. (10), (11)

ensuite (14)
hier (13)
hier après-midi (13)
hier matin (13)
hier soir (13)
il y a une heure (deux mois, cinq ans) (13)
un jour (14)
le lendemain (14)
lundi (mardi, etc.) dernier (13), (14)
lundi (mardi, etc.) matin, après-midi, soir (14)
le mois dernier (13), (14)
premièrement (14)
puis (14)
la semaine dernière (13), (14)
la semaine suivante (14)
le week-end dernier (13)
la veille (14)

Making purchases/choices
C'est combien? (16)
Combien coûte . . . ? (16)
Combien est-ce que je vous dois? (16)
Donnez-moi   assez pour . . . personnes. (16)
                beaucoup de . . . (17)
                pas beaucoup de . . . (17)
                un bout de . . . (17)
                une bouteille de . . . (17)
                un demi-kilo de . . . (16), (17)
                une douzaine de . . . (17)
                un gramme de . . . (16), (17)
                un kilo (kilogramme) de . . .
                   (16), (17)
                un litre de . . . (16), (17)
                une livre de . . . (16), (17)
                un morceau de . . . (17)
                un peu de . . . (17)
                quelques . . . (17)
                une tranche de . . . (16), (17)
                très peu de . . . (17)
Est-ce que vous avez . . . ? (16)
J'ai besoin de . . . (16)
Je prends . . . (16)
Je vais prendre . . . (16)
Je voudrais . . . (16)

Making comparisons
autant de . . . que . . . (17), (18)
moins de . . . que . . . (17), (18)
plus de . . . que . . . (17), (18)

French-English
Glossary

The numbers in parentheses refer to the chapter in which the word or phrase may be found.

A

à in, at, to (3), (7)
  à bientôt see you soon (1)
  à côté de next to (8)
  à mon avis in my opinion (3)
  à part besides (14)
  à pied on (by) foot (10), (12)
  à quelle heure? (at) what time?
  à tout à l'heure see you in a while (1)
  à vélo by bicycle (12)
  à vol d'oiseau a bird's-eye view (13)
abricot *m.* apricot (17)
abriter to house (13)
achat *m.* purchase (17)
acheter to buy (3), (10), (16)
acier *m.* steel (13), (14)
acteur(-trice) *m. (f.)* actor (actress) (3)
adorer to love (5)
aéroport *m.* airport (7)
affaires *f. pl.* business (13)
  femme (homme) d'affaires *f. (m.)* business woman (man)
âge age
agriculteur(-trice) *m. (f.)* farmer (3)
aimer to like (5)
aimer (le) mieux to like the best, prefer (5)
allée *f.* country lane (15)
allemand(e) German (1)
aller to go (7)
  aller en classe to go to class (4)
  aller en ville to go into town (4)
allez-y go on and do it (8)
allons-y let's go (10), (13)
alors then (9)

amandes almonds (2)
  aux amandes with almonds (2)
amener to take, to lead (13)
américain(e) American (3)
ami(e) *m. (f.)* friend (2)
  nouvel(le) ami(e) *m. (f.)* new friend (6)
  petit(e) ami(e) *m. (f.)* boy (girl) friend (5)
an year *m.* (9)
  tous les ans every year (9)
ancien(ne) former (13)
anglais(e) English (3)
animal(-aux) *m.* animal(s) (5)
année *f.* year (9)
  cette année this year (9), (11)
  l'année prochaine next year (11)
anniversaire *m.* birthday (16)
antiquités *f. pl.* relics (13)
appareil de gymnastique *m.* exercise machine (18)
appareil-photo *m.* camera (4)
appartement *m.* apartment (4)
appeler to call, to name (4)
  comment s'appelle... ? what is the name of...? (6)
  je m'appelle... my name is... (4)
apprendre to learn (10)
après after (7)
  après les classes after school (7)
après-midi *m.* afternoon (10)
  cet après-midi this afternoon (9)
arbre *m.* tree (6)
  arbre généalogique *m.* family tree (6)
arc-boutants *m. pl.* flying buttresses (14)
architecte *m. or f.* architect (3)
argent *m.* money (17)
arrondissements *m. pl.* administrative divisions of Paris (13)
art *m.* art (5)
asperge *f.* asparagus (17)
assez (de) enough (1), (16), (17)
  assez petit(e) quite small (6)

assez souvent fairly often (7)
  pas assez de not enough (17)
astronaute *m. or f.* astronaut (3)
attendre to wait (3)
  en attendant à l'aéroport waiting at the airport (3)
attirer to attract (13)
au bord de on the banks of (9)
au bout de at the end of (8)
au coin de at the corner of (8)
au lait with milk (1)
au milieu de in the middle of (13)
au revoir goodbye (1)
au-dessus de above (14)
aujourd'hui today (4)
aussi also (1), (13)
  aussi bien que as well as (15)
autant as much (17)
  autant de + *(noun)* **+ que** as much (many) … as (17)
auteur *m.* author (3)
auto *f.* car (4)
autobus *m.* bus (10)
auto-école *f.* driving school (12)
autre other
  autre chose something else (10)
avant before (13)
avec with (6), (11)
  avec plaisir gladly, with pleasure (11)
avenue *f.* avenue (7)
avis *m.* opinion (3)
  à mon avis in my opinion (3)
avocat(e) *m. (f.)* lawyer (3)
avoir to have (4)
  avoir... ans to be … years old (7)
  avoir besoin de to need (4)
  avoir envie de to feel like (10), (12)
  avoir faim to be hungry (4)
  avoir lieu to take place (13)
  avoir l'intention de to intend to (12)
  avoir raison to be right (4)
  avoir rendez-vous avec to have a date to meet with (10)
  avoir soif to be thirsty (4)
  avoir tort to be wrong (4)
  avoir vu to have seen (18)

B

bacon *m.* bacon (16)
bague *f.* ring (18)

baguette *f.* long loaf of bread (16)
bal *m.* dance (9)
balle de tennis *f.* tennis ball (18)
ballon *m.* ball (18)
  ballon de foot *m.* soccer ball (18)
banane *f.* banana (16)
bande magnétique *f.* audio tape (18)
banlieue *f.* suburb (14)
banque *f.* bank (7)
baseball *m.* baseball (7)
basket *m.* basketball (7)
bâtiment *m.* building (13)
batterie *f.* drum (8)
battu(e) beaten (14)
beau (bel,belle) beautiful (16)
beaucoup a lot (1), very much
  beaucoup de a lot of (17)
  pas beaucoup de not many, not much (17)
belge Belgian (3)
berceau *m.* cradle (13)
beurre *m.* butter (16), (17)
bibliothèque *f.* library (7)
bien well (1)
  bien sûr certainly, of course (10), (11)
bifteck *m.* steak (16)
bijouterie *f.* jewelry store (18)
billet *m.* ticket (11); paper money (12)
  billet de seconde *m.* second-class ticket (11)
  billet de tourisme *m.* tourist pass for subway (11)
  billet de 20 20-franc bill (12)
blessé(e) wounded (14)
bœuf *m.* beef (16)
boire to drink (2)
boisson *m.* drink (1), (16)
boîte *f.* can (17)
  boîte de conserves *f.* canned goods (17)
bon(ne) good (3), (9)
  Ah, bon. Fine. (3)
  bonne idée good idea (9)
  bonne journée have a good day (16)
  de bonne heure early (13)
bonjour hello (1)
bord *m.* riverbank (9), (13)
  au bord de on the banks of (9)
botte *f.* bunch (17)
bouche *f.* mouth
  bouche de métro *f.* metro entrance (11)
boucher(-ère) *m. (f.)* butcher (16)
boucherie *f.* butcher shop (7), (16)
boucles d'oreilles *f. pl.* earrings (18)
boulanger(-ère) *m. (f.)* baker (16)

boulangerie *f.* bakery that sells bread and rolls (7), (16)
boules *f. pl.* game played with metal and wooden balls (7)
boulevard *m.* boulevard (8)
boulon *m.* bolt (14)
bout *m.* end (8); piece (17)
   au bout de at the end of (8)
bouteille *f.* bottle (17)
bracelet *m.* bracelet (18)
brie *m.* Brie cheese (17)
brioche *f.* light sweet bun raised with yeast and eggs (2)
briocherie *f.* bakery that sells brioche and other hot snacks (2)
brun(e) brown (6)
bureau *m.* desk (4)
   au bureau at the office (12)
   bureau de poste *m.* post office (7)
   bureau de tabac *m.* tobacco store that also sells stamps and newspapers (7)
butte *f.* hill (13)

C

ça c'est... that's... (5)
Ça suffit? Is that enough? (17)
Ça va? (Ça va.) Is that OK? (All right. Okay.) (10)
cachot *m.* prison cell (14)
cadeau *m.* gift (13), (18)
   cadeaux d'anniversaire *m. pl.* birthday gifts (18)
café *m.* coffee (1); café (1)
   café au lait coffee with milk (1)
   café crème coffee with cream (1)
   café du coin neighborhood café (1)
cahier *m.* notebook (4)
calculatrice *f.* calculator (4)
calendrier *m.* calendar (18) (17)
camion *m.* truck (18)
camembert *m.* Camembert cheese (17)
camping *m.* camping (5)
canadien(ne) Canadian (3)
canard *m.* duck (16)
capitale *f.* capital (18)
car because (14)
carnet *m.* small notebook (4), (18); book of metro tickets (11)
carotte *f.* carrot (17)
carte *f.* card (18)

carte d'anniversaire *f.* birthday card (18)
carte de Noël *f.* Christmas card (18)
carte orange *f.* monthly subway pass (11)
carte pour le Nouvel An *f.* New Year's card (18)
carton *m.* cardboard box (17)
Casino supermarket corporation that operates the Le Quick fast-food restaurant chain (3)
cassette *f.* audio cassette (4), (18)
   cassette vierge *f.* blank cassette (18)
cathédrale *f.* cathedral (7)
C'est à toi, ça? Is that yours? (4)
c'est ça that's right (3)
c'est décidé it's settled (9)
ce (cet, cette) this (8)
   ce matin *m.* this morning (10)
   ce n'est pas ça that's not right (9)
   ce soir *m.* tonight (6)
   cet après-midi this afternoon (9)
   cette année this year (9), (11)
   cette semaine this week (11)
ce que what (4)
   ce qu'il leur faut what they need (17)
   ce que j'ai avec moi aujourd'hui what I have with me today (4)
   ce que j'ai chez moi what I have at my house (4)
célèbre famous (13)
célébrité *f.* celebrity (16)
cent one hundred (18)
centimes *m. pl.* coin divisions of the French franc (12)
centre commercial *m.* shopping mall (18)
céréales *f. pl.* cereal (16)
cerise *f.* cherry (17)
ces these (16)
ceux *m. pl.* those (15)
chacun(e) each one (14)
chaîne *f.* neck chain (18)
   chaîne stéréo *f.* stereo system (4), (18)
chaise *f.* chair (4)
chambre *f.* bedroom (4)
champignon *m.* mushroom (17)
changer to change (11)
chanson *f.* song (18)
chanter to sing (1), (18)
charcuterie *f.* delicatessen (16)
charcutier(-ère) *m. (f.)* deli owner (16)
chariot *m.* shopping cart (17)
château castle *m.* (9)
chat(te) *m. (f.)* cat (5)
chaud(e) hot (1)

chausson aux pommes *m.* a puff pastry filled with cooked apple slices (2)
chauve bald (6)
cher(-ère) expensive (11), (18)
  moins cher less expensive (11)
chercher to look for (6)
cheveux *m. pl.* hair (6)
chez moi (nous) at my (our) house (4)
chien(ne) *m. (f.)* dog (5)
chinois(e) Chinese (3)
chocolat *m.* hot chocolate (1)
chose *f.* thing (2)
chou *m.* cabbage (17)
chouette nice, fine (3)
  C'est chouette, ça. That's great (neat). (3)
-ci this, these (16)
cinéma *m.* movies (5); movie theater (7)
cinq five (4)
cinquante fifty (12)
citron *m.* lemon (1), (17)
  citron pressé *m.* lemonade (1)
  thé citron *m.* tea with lemon (1)
clarinette *f.* clarinet (8)
classes *f. pl.* school-time (7)
  après les classes after school (7)
classique classical (5)
clé *f.* key (4)
Coca *m.* Coca-Cola (1)
coiffeur *m.* hair salon; **(-euse)** *m. (f.)* male (female) hair stylist (18)
coin *m.* corner (8)
  au coin de at the corner of (8)
combien (de) how many (6), (17)
  combien de fois par mois… ? how many times per month…? (8)
  combien de temps? how long? (12)
  Combien est-ce que je vous dois? How much do I owe you? (16)
commencer to begin (9)
Comment allez-vous? How are you? (2)
Comment ça va? How are you doing? (1)
Comment s'appelle… ? What is the name of…? (6)
commissariat de police *m.* police station (7)
commode *f.* chest of drawers (4)
comprendre to understand (10); to include (13)
comptable *m. or f.* accountant (3)
concert *m.* concert (9)
concombre *m.* cucumber (16), (17)
concours *m.* contest (14)
conçu conceived (13)
conduire to drive (11)

conférencier *m.* leather case for paper and pen (18)
confiture *f.* jelly (16)
connaissance *f.* acquaintance, knowledge
  faire connaissance to get to know (4), (6), (7)
connaître to know (13)
conserves *f. pl.* canned goods (17)
contraire opposite (6)
  dialogue de contraires dialogue of opposites (6)
correspondance *f.* change of train lines (11)
côté *m.* side (6), (14)
  à côté de next to (8)
  du côté de votre mère (père) on your mother's (father's) side (6)
couler to flow (14)
courage *m.* courage (17)
courgette *f.* squash (17)
course *f.* errand (10); race (13)
cousin(e) *m. (f.)* cousin (6)
crayon *m.* pencil (18)
crème *f.* cream (1), (17)
croissant *m.* croissant (1), (2), (16)
  croissant aux amandes *m.* croissant with almonds (2)
croque-madame *m.* open-faced grilled ham and cheese with egg (1)
croque-monsieur *m.* open-faced grilled ham and cheese (1)

D

d'abord first (7)
d'accord OK (3), (9)
d'autres *m. pl.* others (14)
dans in (4), (8)
danser to dance (1)
danses folkloriques *f. pl.* folk dancing (9)
de of, from (3)
  de bonne heure early (13)
  de l'après-midi in the afternoon (9)
  de nos jours nowadays (9)
  de quoi what (18)
  de temps en temps from time to time (7)
de la (de l', du, des) some, any (16)
défilé *m.* parade (9)
dégustation *f.* food tasting (9)
déjà already (13)
déjeuner *m.* lunch (1)
demain tomorrow (10)
  demain matin *m.* tomorrow morning (10)

demander to ask (4), (12)

  demande à Marie si elle a... ask Marie if she has... (4)

  demande aux autres ask the others (12)

demi-kilo *m.* half a kilogram (16), (17)

dentiste *m. or f.* dentist (3)

déplacement *m.* movement (12)

depuis since (13)

dernier(-ère) last (13), (14); latest (18)

derrière behind (8)

des some, any (4)

descendre to get off (11)

désirer to want (1)

dessin *m.* drawing (14)

détester to hate (5)

deux two (3), (4)

devant in front of (8)

devenir to become (14)

devoir to have to, to owe (10), (18)

  je dois I have to (10)

  Nous leur devons beaucoup d'argent. We owe them a lot of money. (18)

d'habitude usually (15)

diabolo citron *m.* soft drink with lemon-flavored syrup (1)

diabolo fraise *m.* soft drink with strawberry-flavored syrup (1)

  diabolo menthe *m.* soft drink with mint-flavored syrup (1)

dialogue de contraires dialogue of opposites (6)

dimanche Sunday (10)

  le dimanche on Sundays (9)

dire to say, tell (8)

directions stations at the end of Paris subway lines (11)

dites à... tell... (8)

discothèque *f.* disco (7)

disque *m.* record (4), (18)

  disque compact *m.* compact disc (18)

distance *f.* distance (18)

dix ten (4)

dix-huit eighteen (7)

dix-neuf nineteen (7)

dix-sept seventeen (7)

dollar *m.* dollar (18)

donner to give (16)

douzaine *f.* dozen (17)

douze twelve (7)

droite *f.* right (8)

E

échecs *m. pl.* chess (7)

échouer to fail (12)

éclair *m.* eclair (16)

école *f.* school (general or elementary) (6), (7)

  école privée *f.* private school (6)

écouter to listen to (5), (6)

  écoute, tu as... ? listen, do you have...? (4)

  écoutez bien listen carefully (2)

écrivain(e) *m. (f.)* writer (14)

église *f.* church (7)

égyptien(ne) Egyptian (3)

élève *m. or f.* pupil (3)

elle she (2)

elles they (two or more females) (2)

embarras du choix *m.* difficulty of choosing (15)

emploi du temps schedule, time-table *m.* (11)

en in, to

  en autobus by bus (12)

  en face de across from (8)

  en métro by subway (12)

  en plein air open-air (17)

  en semaine during the week (9)

  en taxi by taxi (12)

  en tout in all (16)

  en ville to town, downtown (4)

  en voiture by car (12)

encore again (2)

  encore des questions some more questions (2)

enchanté(e) delighted (to meet you) (2)

enfant *m. or f.* child (6)

enfin finally (14)

enquête *f.* survey (7)

enregistreur à cassette *m.* cassette recorder (18)

ensuite then; next (7)

entre between (8)

entrer (dans) to go into; to enter (10), (14)

enveloppe *f.* envelope (18)

environs *m. pl.* surroundings

épater to amaze, dumbfound (3)

épicerie *f.* neighborhood grocery store (7), (17)

escalier *m.* stairs (13); escalator (14)

espagnol(e) Spanish (1)

espérer to hope (12)

est-ce qu'il y a une... ? is there a...? (7)

et and (1)

être to be (3)

États-Unis United States (3)
étudiant(e) *m. (f.)* student (3)
étudier to study (1)
événement *m.* event (13)
examen *m.* test (12)
express *m.* espresso (1)
extra (extraordinaire) extraordinary (18)

F

facile easy (11)
façon *f.* way, manner (13)
faire to do; to make (6)
   faire attention to be careful (8)
   faire connaissance to get to know (4)
   faire de la moto to go biking (motorcycling) (6)
   faire des achats to go shopping (10)
   faire des calculs to do some math (18)
   faire des sommes to add, to do addition (7)
   faire du lèche-vitrines to go window shopping (10)
   faire du ski to go skiing (6)
   faire du sport to participate in sports (6)
   faire du tennis to play tennis (6)
   faire du vélo to go bike riding (6)
   faire la grasse matinée to sleep late (10)
   faire la queue to wait in line (8)
   faire la toilette to clean up (14)
   faire peur to frighten (15)
   faire une course to do an errand (10); to go shopping (16)
   faire une promenade to take a walk (6)
   faire un tour to go for a ride (6)
   faire un voyage to take a trip (6)
famille *f.* family (5), (6)
farine *f.* flour (17)
fast-food *m.* fast-food restaurant (3)
faux (fausse) *m. (f.)* false (6)
femme *f.* woman; wife (6)
   femme d'affaires *f.* business woman (3)
   femme politique *f.* political figure (3)
festival *m.* festival (9)
feutre *m.* felt-tip pen (4)
feux d'artifice *m. pl.* fireworks (9)
filet *m.* net bag for shopping (17)
fille *f.* daughter (6); girl
fils *m.* son (6)
fin *f.* end (13)
fin(e) thin (16)
fines herbes *f. pl.* mixed herbs (1)
fleur *f.* flower (8), (13)

fleuve *m.* river (13)
flipper *m.* pinball (7)
flûte *f.* flute (8)
Fnac chain of French discount stores that specializes in audio, video, and reading material
foi *f.* faith (9)
fois *f.* time (8)
   combien de fois par mois... ? how many times a month...? (8)
foot *m.* soccer (7)
football *m.* soccer (7)
   football américain *m.* football (7)
four à micro-ondes *m.* microwave oven (16)
frais (fraîche) fresh (17)
fraise *f.* strawberry (1), (17)
framboise *f.* raspberry (17)
franc *m.* French monetary unit (11)
français(e) French (3)
francophone *m. or f.* French-speaking person (8)
francophonie *f.* designates French-speaking countries (8)
franglais American English words that are part of the French language
frère *m.* brother (6)
frites *f. pl.* French fries (3)
froid(e) cold (1)
fromage *m.* cheese (1)
fruit *m.* fruit (16)
funiculaire *m.* rail cars (13)

G

gagner to earn (money) (2); to win (14)
garçon *m.* boy; waiter (1)
garder to keep (12)
   gardez la monnaie keep the change (12)
gare *f.* train station (7)
gargouille *f.* gargoyle (14)
gâté(e) spoiled (18)
gâteau *m.* cake (16)
gauche left (8)
généalogique genealogical (6)
   arbre généalogique *m.* family tree (6)
gigot *m.* leg of lamb (16)
glace *f.* ice cream (13), (17)
gomme *f.* eraser (4), (18)
goût *m.* taste (5)
gramme *m.* gram (16), (17)
grand(e) big, tall (6)
grand magasin *m.* department store (18)

grand-mère *f.* grandmother (6)
grand-père *m.* grandfather (6)
gris(e) gray (6)
gruyère *m.* Gruyère cheese (17)
guerre *f.* war (14)
guichet *m.* ticket window (11)
guitare *f.* guitar (8)

H

habitant(e) *m. (f.)* inhabitant (13), (18)
habiter to live (1)
haïtien(ne) Haitian (3)
haricot vert *m.* green bean (17)
haut(e) high, tall (13)
hauteur *f.* height (13)
heure *f.* time, hour (9)
　à quelle heure? (at) what time? (9)
　de bonne heure early (13)
　heures de pointe *f. pl.* rush hour (11)
hier yesterday (13)
homme *m.* man
　homme d'affaires *m.* business man (3)
　homme politique *m.* political figure (3)
hôpital *m.* hospital (7)
hôtel *m.* hotel (7)
　hôtel de ville *m.* town hall (7)
huit eight (4)

I

ici here (4), (7)
idée *f.* idea (9)
il he, it (2)
il (elle) est là it is there (7)
il faut it is necessary (11)
　Il faut combien de temps pour y aller? How long does it take to get there? (12)
　il me faut I need (17)
il vaut mieux it is better (16)
il y a there is; there are (4)
île *f.* island (13)
ils they (two or more males or a group of males and females) (2)
imagination *f.* imagination (17)
immeuble *m.* office or apartment building (13)
impair odd (4)
　nombres impairs *m.* odd numbers (4)
inconnu(e) unknown (13)

ingénieur *m.* engineer (3)
italien(ne) Italian (3)

J

j'ai I have (4)
jambe *f.* leg (14)
jambon *m.* ham (1)
japonais(e) Japanese (3)
jardinier(-ère) *m. (f.)* gardener (13)
jazz *m.* jazz (18)
je I (1)
　je dois I have to (10)
　je ne peux pas I can't (10)
　je pense que I think that (18)
　je vais prendre I'll have (1)
　je vais très bien I am very well (2)
　je voudrais I would like (2), (4)
　Je vous dois combien? How much do I owe you? (12)
　je vous en prie you're welcome (1)
jeu vidéo *m.* video game (18)
jeudi Thursday (10)
jeune fille *f.* girl (1)
joli(e) pretty (18)
jouer to play (7)
jouet *m.* toy (18)
jour *m.* day (6), (12)
　de nos jours nowadays (9)
　un jour someday (6)
journaliste *m. or f.* journalist (3)
journée *f.* day (16)
　bonne journée have a good day (16)
jus d'orange *m.* orange juice (16)
jusqu'à to, until (8)
justement as a matter of fact (10)

K

ketchup *m.* catsup
kilo *m.* kilogram (16), (17)

L

là there (7)
　il (elle) est là it is there (7)
　là-bas over there (7)
-là that, those (16)
lait *m.* milk (1), (16)
　au lait with milk (1)
　lait fraise *m.* milk with strawberry syrup (1)
laitier(-ère) dairy (17)
langues *f. pl.* languages (5)

large de with a width of (13)
lecture *f.* reading (18)
légende *f.* caption (6)
lendemain *m.* the next day (14)
le(la)quel(le) which ones (16)
lever to raise (14)
librairie *f.* bookstore (7)
limonade *f.* a sweet carbonated soft drink (1)
lit *m.* bed (4)
litre *m.* liter (16), (17)
littérature *f.* literature (5)
livre *m.* book (4)
livre *f.* (French) pound (16), (17)
loin de far from (8)
louer to rent (18)
lumière *f.* light (9)
lundi Monday (10)
lunettes *f. pl.* glasses (6)
lycée *m.* high school (3), (7)

M

M. *m.* mister
ma my (4)
machine à écrire *f.* typewriter (4)
Macdo McDonald's (3)
madame *f.* madam, Mrs. (2)
mademoiselle *f.* miss (2)
magasin *m.* store (13)
  grand magasin *m.* department store (18)
  magasin d'antiquités *m.* antique store (13)
  magasin de jouets *m.* toy store (18)
  magasin de sport *m.* sporting goods store (18)
magnétophone *m.* tape recorder (18)
magnétoscope *m.* video player (4), (18)
maintenant now (11)
mais but (1)
  mais non no (emphatic) (3)
  mais oui yes (emphatic) (11)
maison *f.* house (4)
mal poorly (1)
mammifères *m. pl.* mammals (15)
manger to eat (1)
marche *f.* step (14)
marché en plein air *m.* open-air market (17)
mardi Tuesday (10)
mari *m.* husband (6)
marié(e) married (6)
marque *f.* make, brand (12)
mathématiques *f. pl.* mathematics (5)
matin *m.* morning (10)

ce matin this morning (10)
demain matin tomorrow morning (10)
du matin in the morning (9)
mauvais bad (13)
mayonnaise *m.* mayonnaise (17)
mécanicien(ne) *m. (f.)* mechanic (3)
médecin *m.* doctor (3)
melon *m.* melon (17)
mémoire *f.* memory (13)
mener to lead (14)
menthe à l'eau *f.* water with mint-flavored syrup (1)
merci thank you (1)
mercredi Wednesday (10)
mère *f.* mother (6)
métro *m.* subway (10)
  bouche de métro *f.* subway entrance (11)
  plan de métro *m.* subway map (11)
  station de métro *f.* subway stop (11)
mes *m. pl. or f. pl.* my (5)
mexicain(e) Mexican (3)
midi *m.* noon (9)
mille one thousand (18)
mille-feuille *m.* napoleon (pastry) (16)
millions *m. pl.* millions (14)
minuit *m.* midnight (9)
Mlle mademoiselle, miss (2)
Mme madam, Mrs. (2)
moi me (1)
moins less (11), (17)
  moins de + *(noun)* + que less (fewer) ... than (17)
mois *m.* month (8)
mon my (2)
  mon ami(e) *m. or f.* my friend (2)
monde *m.* world (13); people (18)
monnaie *f.* change (12)
  gardez la monnaie keep the change (12)
  pièce de monnaie coin (12)
monopoly *m.* Monopoly (board game) (7)
monsieur mister (1)
monter to climb; to go up (14)
  monter dans to get in (11)
montre *f.* watch (18)
morceau *m.* piece (17)
mort(e) dead (6)
mot *m.* word (13)
  mot apparenté *m.* cognate (6)
moto *f.* motorcycle (4)
motocyclette *f.* motorcycle (4)
mourir to die (6), (14)
moutarde *f.* mustard (17)

mouton *m.* lamb (16)
moyen âge *m.* Middle Ages (13)
mur *m.* wall (4)
  au mur on the wall (4)
musée *m.* museum (7)
musique *f.* music (5)
  musique classique *f.* classical music (18)

N

naissance *f.* birth (13)
natation *f.* swimming (5)
nature *f.* nature (5)
n'est-ce pas isn't that so? (1)
né(e) born (13)
ne... jamais never (7)
ne... rien nothing (10)
neuf nine (4)
noir(e) black (6)
nom *m.* name
  nom de famille *m.* last name (6)
nombre *m.* number (4)
  nombres impairs *m.* odd numbers (4)
  nombres pairs *m.* even numbers (4)
nombreux(-euse) numerous, big (6)
  J'ai une famille nombreuse. I have a big family. (6)
non plus either (2), (5)
nos our (5)
note mark *f.* (8)
  quelle note? what mark? (8)
notre our (5)
nous we (1); us (14)
  Nous leur devons beaucoup d'argent. We owe them a lot of money. (18)
  nous voudrions voir we would like to see (9)
nouveau (-vel / -velle) new (1)
nuit *f.* night (13)

O

œuf *m.* egg (16)
œuvre *f.* work (13)
oignon *m.* onion (17)
oiseau *m.* bird (15)
omelette *f.* omelet (1)
on people in general (2)
  on prend congé saying goodbye (1)
  on fait la queue we wait in line (8)
oncle *m.* uncle (6)
onze eleven (7)
orange *f.* orange (16), (17)

orange pressée *f.* orangeade (1)
Orangina *m.* orange-flavored soft drink (1)
ordinateur *m.* computer (4)
orgue *m.* organ (9)
os *m. pl.* bones (15)
ossuaire *m.* gravesite (15)
où where (6)
  où est where is (7)
  Où est-ce que tu l'as acheté? Where did you buy it? (16)
  Où est-ce qu'on va d'abord? Where are we going first? (7)
  où se trouve where is (8)
oublier to forget (15)
ouest west (13 j

P

pain *m.* bread (16)
  du pain some bread (18)
  un pain a loaf of bread (18)
  le pain bread (in general) (18)
  pain au chocolat *m.* roll with a piece of chocolate in the middle (2), (16)
  pain aux raisins *m.* roll with raisins (2)
  pain de campagne *m.* round loaf of bread (16)
  pain grillé *m.* toast (16)
pair even (4)
  nombres pairs *m.* even numbers (4)
papeterie *f.* stationery store (18)
papier à écrire *m.* stationery (18)
par mois per month (8)
parc *m.* park (7)
parce que because (6)
pardon excuse me (7)

parler to speak (1)
part *f.* piece (2)
  part du pizza *f.* slice of pizza (2)
pas assez de not enough (17)
pas beaucoup de not many (17)
pas mal de quite a bit of (18)
passer un examen to take a test (12)
pâté *m.* meat spread (16)
pâtes *f. pl.* pasta (17)
patience *f.* patience (17)
pâtisserie *f.* bakery that sells pastry (16)
patrie *f.* homeland (nation) (14)
pêche *f.* peach (17)
peinture *f.* painting (5); paint (14)

pendant during, for (13)
pendentif *m.* pendant (18)
penser to think (18)
père *m.* father (6)
permis de conduire *m.* driver's license (12)
peser to weigh (14)
pétanque *f.* game played with metal and wooden balls (7)
petit(e) small, short (6)
  petit(e) ami(e) *m. (f.)* boy (girl) friend (5)
  petit déjeuner *m.* breakfast (1), (16)
  petit pain *m.* small breakfast roll (16)
  petit pois *m.* pea (17)
peu little, few (17)
  très peu de very few (17)
peut-on… ? can one (we)…? (7)
pharmacie *f.* drugstore (7)
pharmacien(ne) *m. (f.)* pharmacist (3)
piano *m.* piano (8)
pièce de théatre *f.* play (5)
pièces de monnaie *f. pl.* coins (12)
piéton *m.* pedestrian (14)
piscine *f.* swimming pool (7)
pizza *f.* pizza (2), (17)
place *f.* square (8)
plaisir *m.* pleasure (11)
  avec plaisir gladly, with pleasure (11)
plan *m.* map (8)
  plan de métro metro map (11)
plante verte *f.* green plant (4)
plein(e) full (17)
plus more
  plus de + *(noun)* **+ que** more … than (17)
plus grand nombre *m.* most (6)
plusieurs several (15)
poisson *m.* fish (17)
poire *f.* pear (17)
poivre *m.* pepper (17)
politique *f.* politics (5)
pomme *f.* apple (17)
  pomme de terre *f.* potato (17)
  pommes frites *f. pl.* French fries (17)
pont *m.* bridge (13)
populaire popular (5)
population *f.* population (18)
porc *m.* pork (16)
portefeuille *m.* wallet (4)
porter to carry, to wear (6)
  porter des lunettes to wear glasses (6)
portugais(e) Portuguese (3)
poser des questions to ask questions (1)
poster *m.* poster (4)

poteaux *m. pl.* pillars (14)
poulet *m.* chicken (16)
poupée *f.* doll (18)
pour in order to (4)
  Pour quoi faire? In order to do what? (10)
  pour se déplacer en ville to get around town (10)
pourboire *m.* tip (1)
pourquoi why (6)
  pourquoi pas why not (3), (11)
pourtant however (5)
pouvoir to be able (10)
préciser to give more details, to specify (6)
préférence *f.* preference (5)
préférer to prefer (18)
premièrement first (14)
prendre to have (2); to take (10)
  prendre congé to take one's leave (2)
  prendre une correspondance to change trains (11)
prénom *m.* first name (5)
près de near (7), (8)
présentation *f.* introduction (2)
présenter to introduce (1)
probablement probably (18)
prochain(e) next (11)
produit *m.* product (17)
  produits laitiers *m.* dairy products (17)
professeur *m.* teacher (3)
projet *m.* plan (12)
puis then; next (14)

Q

quand when (10)
quarante forty (12)
quartier *m.* neighborhood or city section (7), (13)
quatorze fourteen (7)
quatre four (4)
quatre-vingt-dix ninety (18)
quatre-vingts eighty (18)
quatre-vingt-un eighty-one (18)
qu'est-ce que what (6)
  Qu'est-ce que c'est? What is it? (4)
  Qu'est-ce que tu prends? What are you having? (1)
  Qu'est-ce qu'ils ont comme voiture? What kind of car do they have? (12)
  Qu'est-ce que tu voudrais? What would you like? (2)
quel(le) what, which (6), (16)

Quel jour est-ce aujourd'hui? What day is today? (10)

quelle marque? what mark? (8)

quelque chose something (2)

quelque chose de salé something salty (2)

quelque chose de sucré something sweet (2)

quelquefois sometimes (7)

quelques some (17)

qui that, who (1)

qui est-ce? who is it? (6)

à qui est… ? whose is…? (5)

quiche *f.* an open-faced pie filled with an egg and cheese mixture (2)

(Le) Quick major fast-food restaurant chain in France (3)

quinze fifteen (7)

quitter to leave (10)

quoi what (18)

De quoi parlent-ils? What are they talking about? (18)

quoi d'autre what else (16)

R

radio-cassette *f.* cassette recorder with radio (4), (18)

radio-réveil *m.* radio alarm clock (4)

radis *m.* radish (17)

rangé(e) arranged (15)

raquette *f.* racket (18)

raquette de tennis *f.* tennis racket (18)

rarement rarely (1); (7)

rayon *m.* shelf, section of a supermarket (17)

R.E.R. train line that runs between Paris and its suburbs (11)

reconnaissant(e) grateful (14)

regarder to look at; to watch (5)

région *f.* region, area (9)

reine *f.* queen (14)

relié(e) connected (13)

religieuse *f.* pastry filled with chocolate or coffee filling (16)

rempli(e) filled (14)

rendez-vous *m.* meeting (9)

rendu(e) made (13)

renseignement *m.* (piece of) information (7)

rentrer to go back (14)

répondre to answer (1)

restaurant *m.* restaurant (7)

rester to stay; to remain (10), (14)

résultat *m.* result (7)

retourner to go back, to return (14)

retraite *f.* retirement (6)

en retraite retired (6)

retrouver to meet (arranged in advance) (10)

réunir to bring together, to unite (13)

rêver to dream (18)

rêvons let's dream (18)

rien nothing (10)

rive droite *f.* right bank of the Seine (13)

rive gauche *f.* left bank of the Seine (13)

riz *m.* rice (17)

robot *m.* robot (18)

rock *m.* rock music (18)

roi *m.* king (13)

rôti *m.* roast (16)

rôti de porc *m.* roast pork (16)

roux red (hair) (6)

rue *f.* street (7)

russe Russian (3)

S

sac *m.* bag (4)

sac à dos *m.* backpack (4)

sac à main *m.* pocketbook (4)

salade *f.* salad, lettuce (16)

salé(e) salty (2)

salon d'automobile *m.* automobile showroom (13)

salut hi! (1)

salutation *f.* greeting (2)

samedi Saturday (9), (10)

le samedi on Saturdays (9)

sandwich *m.* sandwich (1)

s'appeler to be named (6)

s'asseoir to sit down (14)

sauce béchamel *f.* white cream sauce (1)

saucisse *f.* sausage (16)

saucisson *m.* salami (16)

sauvage wild (15)

saxophone *m.* saxophone (8)

sciences *f. pl.* science (5)

sculpture *f.* sculpture (5)

se déplacer to travel (10)

pour se déplacer en ville to get around town (10)

se détendre to relax (15)

se renseigner to get information (15)

se retrouver to meet (9)

se réunir to meet (13)

se trouver to be located (8)

secrétaire *m. or f.* secretary (3)
seize sixteen (7)
séjour *m.* stay (13)
sel *m.* salt (17)
semaine *f.* week (11)
  cette semaine *f.* this week (11)
  en semaine during the week (9)
  la semaine prochaine *f.* next week (11)
sénégalais(e) Senegalese (3)
sept seven (4)
serveuse *f.* waitress (1)
s'étendre to stretch out (13)
s'excuser to apologize (5)
siècle *m.* century (13)
s'il vous plaît please (1), (8)
s'installer to move in (14)
six six (4)
skis *m. pl.* skis (18)
société *f.* company (14)
sœur *f.* sister (6)
soir *m.* evening (10)
  ce soir *m.* tonight (6)
  le soir *m.* in the evening (6), (9)
soixante sixty (12)
soixante-dix seventy (18)
son *m.* sound (8)
  spectacle son et lumière *m.* Sound and Light show (9)
souris *f.* mouse (4)
souterrain(e) underground (15)
souvent often (1), (7)
  assez souvent fairly often (7)
spécialité *f.* specialty (9)
spectacle *m.* show (9)
  spectable son et lumière *m.* Sound and Light show (9)
sports *m. pl.* sports (5)
stade *m.* stadium (sports complex) (7)
station de métro *f.* subway stop (11)
stylo *m.* ballpoint pen (4), (18)
sucre *m.* sugar (17)
sucré(e) sweet (2)
sucré ou salé sweet or salty (2)
sud south (9)
suisse Swiss (3)
suivant(e) following (14)
superficie *f.* area (18)
supermarché *m.* supermarket (17)
sur on, out of (8)
surgelé(e) frozen (17)
synagogue *f.* synagogue (7)

T

ta *f.* your (5)
taille-crayon *m.* pencil sharpener (4)
tante *f.* aunt (6)
tarte *f.* pie (16)
  tarte à l'oignon a kind of quiche made with onions (2)
  tarte aux pommes apple pie (16)
  tarte aux fraises strawberry pie (16)
tartelette *f.* a small open-faced pie in various flavors (2), (16)
taxi *m.* taxi (10)
télévision *f.* television (4)
tellement so (18)
tennis *m.* tennis (5), (7)
terminer to finish (17)
terrasse *f.* sidewalk in front of a café (1)
tes *m. or f. pl.* your (5)
têtes de morts *f. pl.* skulls (15)
thé *m.* tea (1)
  thé au lait *m.* tea with milk (1)
  thé citron *m.* tea with lemon (1)
  thé nature *m.* regular tea (1)
théâtre *m.* theater (5); (7)
thon *m.* tuna (16)
tiens! see! (18)
toast *m.* toast (16)
toi you (1)
  à toi yours (4)
  C'est à toi? Is that yours? (4)
tomate *f.* tomato (16), (17)
tomber to fall (14)
ton *m.* your (5)
toujours always (7)
tourner to turn (8)
tous les ans every year (9)
tout very (13); all
  tout droit straight ahead (8)
  tout un mois a whole month (11)
train électrique *m.* electric train (18)
tranche *f.* slice (16)
travailler to work (2)
traverser to cross (8)
  traversez la place cross the square (8)
treize thirteen (7)
trente thirty (12)
très very (1)
  très peu de very few (17)
trois three (3), (4)
trombone *m.* trombone (8)
trompette *f.* trumpet (8)

trop de too much (17)
se trouver to be located (8)
tu *sing.* you (familiar) (1)
  tu voudrais you would like
tuyaux *m. pl.* pipes (14)

U

un(e) one (4)
université *f.* university (7)
usine *f.* factory (14)

V

valable valid, good (12)
  valable pour la vie valid for life (12)
vanille *f.* vanilla (3)
veille *f.* eve (14)
vélo *m.* bicycle (4), (10), (18)
vélomoteur *m.* moped (4)
vendredi Friday (10)
verre *m.* glass (13), (14)
vers toward (13)
vertige *m.* dizziness (14)
vêtement *m.* article of clothing (17)
viande *f.* meat (16)
vidéo *f.* videotape (18)
  vidéo vierge *f.* blank video (18)
  vidéo-clip *m.* music video (18)
vie *f.* life (6), (12)
vierge blank (18)
vietnamien(ne) Vietnamese (3)
vieux (vieille) old (13)
ville *f.* city, town (4), (7)
  en ville downtown, into town (4)
vingt twenty (7)

violon *m.* violin (8)
visage *m.* look (13)
visite-éclair lightning-fast visit (12)
voici here is (5)
voilà there is; there are (4)
voie *f.* way, route (13)
voir to see (9), (14), (18)
voiture *f.* car (4), (10); subway cars (11)
  voiture de première (seconde) *f.* first
  (second) class train or subway car (11)
volley *m.* volleyball (7)
vos your (5)

votre your (5)
vouloir to wish; to want (11), (12)
  vouloir bien OK, gladly, with
  pleasure (11)
vous *sing.* you (formal); *pl.* you (1)
voyager to travel (1)
vrai true (6)

W

walk-man *m.* personal stereo (18)

Y

y there (10), (13)
yaourt *m.* yogurt (17)
yeux *m. pl.* eyes (6)

Z

zéro zero (4)

English-French
Glossary

The numbers in parentheses refer to the chapter in which the word or phrase may be found.

A

(to be) able pouvoir (10)
above au-dessus de (14)
accountant comptable *m. or f.* (3)
across from en face de (8)
acquaintance connaissance *f.* (4)
  (to) get acquainted faire connaissance (4)
actor (actress) acteur(-trice) *m. (f.)* (3)
add, do addition faire des sommes (7)
after après (7)
afternoon après-midi *m.* (10)
  in the afternoon de l'après-midi (9)
  this afternoon cet après-midi (9), (10)
again encore (2)
age âge
airport aéroport *m.* (7)
all tout
All right. Ça va. (10)
(with) almonds (aux) amandes *f. pl. (2)*
already déjà (13)
also aussi (1), (13)
always toujours (7)
(to) amaze épater (3)
American américain(e) (3)
animal(s) animal(-maux) *m.* (5)
antique store magasin d'antiquités *m.* (13)
any, some de, de la, del', du, des (4), (16)
apartment appartement *m.* (4)
(to) apologize s'excuser (5)
apple pomme *f.* (17)
  apple pie tarte aux pommes (16)
apricot abricot *m.* (17)
architect architecte *m. or f.* (3)
area superficie *f.* (18)
arranged rangé(e) (15)
art art *m.* (5)

as a matter of fact justement (10)
as much autant (17)
  as much ... as autant de + *(noun)* + que (17)
as well as aussi bien que (15)
(to) ask demander (4)
  ask Marie if she has... demande à Marie si elle a... (4)
  (to) ask questions poser des questions (1)
  ask the others demande aux autres (12)
asparagus asperge *f.* (17)
astronaut astronaute *m. or f.* (3)
at à (1)
  at my (our) house chez moi (nous) (4)
  at the corner of au coin de (8)
  at the end of au bout de (8)
  at the office au bureau (12)
  (At) what time? À quelle heure? (9)
(to) attract attirer (13)
audio cassette cassette *f.* (4), (18)
audio tape bande magnétique *f.* (18)
aunt tante *f.* (6)
author *m.* auteur (3)
automobile showroom salon d'automobile *m.* (13)
avenue avenue *f.* (7)

B

backpack sac à dos *m.* (4)
bacon bacon *m.* (16)
bad mauvais (13)
bag sac *m.* (4)
baker boulanger(-ère) *m. (f.)* (16)
bakery that sells bread and rolls boulangerie *f.* (7), (16)
bakery that sells brioche and other hot snacks briocherie *f.* (2)
bakery that sells pastry pâtisserie *f.* (16)
bald chauve (6)
ball ballon *m.* (18)

ballpoint pen stylo *m.* (4), (18)
banana banane *f.* (16)
bank banque *f.* (7)
bank (of a river) bord *m.* (9), (13)
   on the banks of au bord de (9)
baseball base-ball *m.* (7)
basketball basket *m.* (7)
(to) be être (3)
   (to) be able pouvoir (10), (13)
   (to) be named s'appeler (6)
   (to) be right avoir raison (4)
beaten battu(e) (14)
beautiful beau (belle) (14)
because parce que (6); car (14)
(to) become devenir (14)
bed lit *m.* (4)
bedroom chambre *f.* (4)
beef bœuf (16)
before avant (13)
(to) begin commencer (9)
behind derrière (8)
Belgian belge (3)
besides à part (14)
better mieux (16)
   it is better il vaut mieux (16)
between entre (8)
bicycle vélo *m.* (4), (10), (18)
   (to go) bicycle riding faire du vélo (6)
big, tall grand(e) (6)
(to go) biking
   (on bicycle) faire du vélo (6)
   (on motorcycle) faire de la moto (6)
bill (currency) billet *m.* (12)
   20-franc bill billet de 20 (12)
bird oiseau *m.* (15)
   bird's-eye view à vol d'oiseau (13)
birth naissance *f.* (13)
birthday anniversaire *m.* (16)
   birthday card carte d'anniversaire *f.* (18)
   birthday gifts cadeaux d'anniversaire *m. pl.* (18)
black noir(e) (6)
blank vierge (18)
   blank cassette cassette vierge *f.* (18)
   blank video vidéo vierge *f.* (18)
blue bleu (6)
bolt boulon *m.* (14)
bones os *m. pl.* (15)
book livre *m.* (4)
book of metro tickets carnet *m.* (11)
bookstore librairie *f.* (7)
born né (13)

bottle bouteille *f.* (17)
boulevard boulevard *m.* (8)
boy *m.* garçon (1)
boy (girl) friend petit(e) ami(e) *m. (f.)* (5)
bracelet bracelet *m.* (18)
brand marque *f.* (12)
bread pain *m.* (16)
breakfast petit déjeuner *m.* (1)
bridge pont *m.* (13)
Brie cheese brie *m.* (17)
(to) bring together réunir (13)
brother frère *m.* (6)
brown brun(e) (6)
building bâtiment *m.* (13)
   (office or apartment) building immeuble *m.* (13)
bunch botte *f.* (17)
bus autobus *m.* (10)
business affaires *f. pl.* (13)
   business man (woman) homme (femme) d'affaires *m. (f.)* (3)
but mais (1)
butcher boucher(-ère) *m. (f.)* (16)
butcher shop boucherie *f.* (7), (16)
butter beurre *m.* (17)
(to) buy acheter (3), (10)
by bicycle à vélo (12)
by bus en autobus (12)
by car en voiture (12)
by subway en métro (12)
by taxi en taxi (12)

C

cabbage chou *m.* (17)
café café *m.* (1)
cake gâteau *m.* (16)
calculator calculatrice *f.* (4)
calendar calendrier *m.* (18)
Camembert cheese camembert *m.* (17)
camera appareil-photo *m.* (4)
camping camping *m.* (5)
can boîte *f.* (17)
can one… ? peut-on… ? (7)
Canadian canadien(ne) (3)
canned goods boîte de conserves *f. pl.* (17)
capital capitale *f.* (18)
caption légende *f.* (6)
car auto *f.* (4); voiture *f.* (4), (10)
card carte *f.* (18)
cardboard box carton *m.* (17)
(to be) careful faire attention (8)

carrot carotte *f.* (17)
cassette recorder enregistreur à cassette *m.* (18)
cassette recorder with radio radio-cassette *f.* (4), (18)
castle château *m.* (9)
cat chat(te) *m. (f.)* (5)
cathedral cathédrale *f.* (7)
catsup ketchup *m.* (17)
celebrity célébrité *f.* (16)
century siècle *m.* (13)
cereal céréales *f. pl.* (16)
certainly bien sûr (10)
(neck) chain chaîne *f.* (18)
chair chaise *f.* (4)
change monnaie *f.* (12)
  Keep the change. Gardez la monnaie. (12)
(to) change changer (11)
change of train line correspondance *f.* (11)
  (to) change trains prendre une correspondance (11)
cheese fromage *m.* (1), (17)
cherry cerise *f.* (17)
chess échecs *m. pl.* (7)
chest of drawers commode *f.* (4)
chicken poulet *m.* (16)
child enfant *m. or f.* (6)
Chinese chinois(e) (3)
(hot) chocolate chocolat *m.* (1)
Christmas card carte de Noël *f.* (18)
church église *f.* (7)
city ville *f.* (7)
clarinet clarinette *f.* (8)
classical classique (5)
  classical music musique classique *f.* (18)
(to) clean up faire la toilette (14)
(to) climb, (to) go up monter (14)
clock radio radio-réveil *m.* (4)
close to près de (7), (8)
clothing vêtements *m. pl.* (17)
Coca-Cola Coca *m.* (1)
coffee café *m.* (1)
  with cream café crème (1)
  with milk café au lait (1)
cognate mot apparenté (6)
coins pièces de monnaie *f. pl.* (12)
cold froid(e) (1)
compact disc disque compact *m.* (18)
company société *f.* (14)
comparison comparaison *f.* (18)
computer ordinateur *m.* (4)
conceived conçu (13)

concert concert *m.* (9)
connected relié(e) (13)
contest concours *m.* (14)
corner coin *m.* (8)
country lane allée *f.* (15)
courage courage *m.* (17)
cousin cousin(e) *m. (f.)* (6)
cradle berceau *m.* (13)
cream crème *f.* (17)
croissant croissant *m.* (1), (2), (16)
  croissant with almonds croissant aux amandes *m.* (2)
(to) cross traverser (8)
  cross the square traversez la place (8)
cucumber concombre *m.* (16)

D

dairy laitier(-ère) (17)
  dairy products produits laitiers *m.* (17)
dance bal *m.* (9)
(to) dance danser (1)
daughter fille *f.* (6)
day jour *m.* (6), (12); journée *f.* (16)
dead mort(e) (6)
deli owner charcutier(-ère) *m. (f.)* (16)
delicatessen charcuterie *f.* (16)
delighted (to meet you) enchanté(e) (2)
dentist dentiste *m. or f.* (3)
department store grand magasin *m.* (18)
desk bureau *m.* (4)
(to) detail, specify préciser (6)
  let's give more details précisons (6)
dialogue of opposites dialogue de contraires (6)
(to) die mourir (6), (14)
disco discothèque *f.* (7)
distance distance *f.* (18)
dizziness vertige *m.* (14)
(to) do, (to) make faire (6)
  (to) do an errand faire une course (10)
  (to) do some math faire des calculs (18)
doctor médecin *m.* (3)
dog chien(ne) *m. (f.)* (5)
doll poupée *f.* (18)
dollar dollar *m.* (18)
downtown en ville (4)
dozen douzaine *f.* (17)
drawing dessin *m.* (14)
(to) dream rêver (18)
  let's dream rêvons (18)

drink boisson *m.* (1)
(to) drink boire (2)
(to) drive conduire (11)
driver's license permis de conduire *m.* (12)
driving school auto-école *f.* (12)
drugstore pharmacie *f.* (7)
drums batterie *f.* (8)
duck canard *m.* (16)
(to) dumbfound épater (3)
during, for pendant (13)
during the week en semaine (9)

E

each one chacun(e) (14)
early de bonne heure (13)
(to) earn (money) gagner (2)
earrings boucles d'oreilles *f. pl.* (18)
easy facile (11)
(to) eat manger (1)
eclair éclair *m.* (16)
egg œuf *m.* (16)
Egyptian égyptien(ne) (3)
eight huit (4)
eighteen dix-huit (7)
eighty quatre-vingts (18)
eighty-one quatre-vingt-un (18)
electric train train électrique *m.* (18)
eleven onze (7)
end fin *f.* (13)
engineer ingenieur *m.* (3)
English anglais(e) (3)
enough assez (1), (16); assez de (17)
(to) enter entrer (dans) (10), (14)
envelope enveloppe *f.* (18)
eraser gomme *f.* (4), (18)
errand course *f.* (10)
escalator escalier *m.* (14)
espresso express *m.* (1)
eve veille *f.* (14)
even pair (4)
  even numbers nombres pairs (4)
evening soir *m.* (10)
  in the evening le soir (6)
event événement *m.* (13)
every year tous les ans (9)
excuse me pardon (7)
exercise machine appareil de gymnastique *m.* (18)
expensive cher(-ère) (11), (18)
  less expensive moins cher (11)

extraordinary extra (extraordinaire) (18)
eyes yeux *m. pl.* (6)

F

factory usine *f.* (14)
(to) fail échouer (12)
fairly often assez souvent (7)
faith foi *f.* (9)
(to) fall tomber (14)
false faux (fausse) (6)
family famille *f.* (6)
  I have a big family. J'ai une famille nombreuse. (6)
  family tree arbre généalogique *m.* (6)
famous célèbre (13)
far from loin de (8)
farmer agriculteur(-trice) *m. (f.)* (3)
fast-food restaurant fast-food *m.* (3)
father père *m.* (6)
(to) feel like avoir envie de (10), (12)
felt-tip pen feutre *m.* (4)
festival festival *m.* (9)
few peu (17)
  very few très peu (17)
fewer than moins de + *(noun)* + que (17)
fifteen quinze (7)
fifty cinquante (12)
filled rempli(e) (14)
finally enfin (14)
(to) finish terminer (17)
fireworks feux d'artifice *m. pl.* (9)
first d'abord (7); premièrement (14)
first-class train or subway car voiture de première *f.* (11)
first name prénom *m.* (5)
fish poisson *m.* (17)
five cinq (4)
flour farine *f.* (17)
(to) flow couler (14)
flower fleur *f.* (8), (13)
flute flûte *f.* (8)
flying buttresses arc-boutants *m. pl.* (14)
folk dancing danses folkloriques *f. pl.* (9)
following suivant(e) (14)
food tasting dégustation *f.* (9)
football football américain *m.* (7)
(to) forget oublier (15)
former ancien(ne) (13)
forty quarante (12)
four quatre (4)
fourteen quatorze (7)

French français(e) (3)
French fries (pommes) frites *f. pl.* (3), (17)
French monetary unit franc *m.* (11)
French-speaking person francophone *m. or f.*
(8)
fresh frais (fraîche) (17)
Friday vendredi (10)
friend ami(e) *m. (f.)* (2)
(to) frighten faire peur (15)
from de (3)
  from time to time de temps en temps (7)
frozen surgelé(e) (17)
fruit fruit *m.* (16)
full plein(e) (17)

G

gardener jardinier(-ère) *m. (f.)* (13)
gargoyle gargouille *f.* (14)
German allemand(e) (1)
(to) get around se déplacer (10)
  to get around town pour se déplacer en
  ville (10)
(to) get in monter dans (11)
(to) get information se renseigner (15)
(to) get off descendre (11)
(to) get to know faire connaissance (6)
  let's get to know each other faisons
  connaissance (6)
  let's get to know the city faisons
  connaissance de la ville (7)
  let's get to know one another on fait
  connaissance (4)
gift cadeau *m.* (13), (18)
girl jeune fille *f.* (1)
(to) give donner (16)
gladly avec plaisir, vouloir bien (11)
glass verre *m.* (13), (14)
glasses lunettes *f. pl.* (6)
(to) go aller (7)
  (to) go back rentrer, retourner (14)
  (to) go for a ride faire un tour (6)
  (to) go into town aller en ville (4)
  (to) go shopping faire des achats (10)
  (to) go skiing faire du ski (6)
  (to) go window shopping faire du lèche-
  vitrines (10)
  (to be) going to aller + *(infinitive)* (10), (12)
go on and do it allez-y (8)
good bon(ne) (3), (9)
  good day bonne journée (16)
goodbye au revoir (1)
gram gramme *m.* (16)

grandfather grand-père *m.* (6)
grandmother grand-mère *f.* (6)
grateful reconnaissant(e) (14)
gravesite ossuaire *m.* (15)
gray gris(e) (6)
green bean haricot vert *m.* (17)
greeting salutation *f.* (2)
(open-faced) grilled ham and cheese croque-
monsieur *m.* (1)
**(open-faced) grilled ham and cheese with
egg** croque-madame *m.* (1)
grocery store épicerie *f.* (7), (17)
Gruyère cheese gruyère *m.* (17)
guess! devinez (3)
guitar guitare *f.* (8)

H

hair cheveux *m. pl.* (6)
  hair salon coiffeur *m.* (18)
  hair stylist coiffeur(-euse) *m. (f.)* (18)
Haitian haïtien(ne) (3)
half a kilogram demi-kilo *m.* (16)
ham jambon *m.* (1), (16)
(to) hate détester (5)
(to) have avoir (4); prendre (2)
  I have j'ai (4)
  (to) have a date to meet with avoir rendez-
  vous avec (10)
  (to) have nothing to do n'avoir rien à faire
  (10)
  (to) have seen avoir vu (18)
  (to) have to devoir (18)
he il (2)
height hauteur *f.* (13)
hello bonjour (1)
here ici (4)
  near here près d'ici (7)
here is, here are voici (4), (5)
hi! salut (1)
high school lycée *m.* (3), (7)
high haut(e) (13)
hill butte *f.* (13)
homeland (nation) patrie *f.* (14)
(to) hope espérer (12)
hospital hôpital *m.* (7)
hot chaud(e) (1)
hotel hôtel *m.* (7)
hour heure *f.* (9)
house maison *f.* (4)
at the house of chez (4)
  at my (our) house chez moi (nous) (4)
(to) house abriter (13)

How are you? Comment allez-vous? (2)
How are you doing? Comment ça va? (1)
How old are you? Quel âge avez-vous? (7)
how long combien de temps (12)
   How long does it take to get there? Il faut combien de temps pour y aller? (12)
how many combien (de) (6)
   how many times a month...? combien de fois par mois... ? (8)
How much do I owe you? Je vous dois combien? (12); Combien est-ce que je vous dois? (16)
however pourtant (5)
hundred cent (18)
(to be) hungry avoir faim (4)
husband mari *m.* (6)

I

I je (1)
   I am very well je vais très bien (2)
   I have seen j'ai vu (18)
   I have to je dois (18)
   I saw j'ai vu (18)
   I'll have je vais prendre (1)
   I would like je voudrais (2)
   I would like to spend the weekend at a friends' house. Je voidrais passer le week-end chez un(e) ami(e). (4)
ice-cream glace *f.* (13), (17)
idea idée *f.* (9)
imagination imagination *f.* (17)
in dans (4), (8)
   in all en tout (16)
   in front of devant (8)
   in order to pour (4)
   in the middle of au milieu de (13)
(to) include comprendre (13)
(piece of)information renseignement *m.* (7)
inhabitant habitant(e) *m. (f.)* (13), (18)
(to) intend to avoir l'intention de (12)
(to go) into entrer (dans) (10), (14)
(to) introduce présenter (1)
introduction présentation *f.* (2)
is there a... ? est-ce qu'il y a... ? (7)
island île *f.* (13)
it is necessary il faut (11)
it is there il (elle) est là (7)

It's settled. C'est décidé. (9)
Italian italien(ne) (3)

J

Japanese japonais(e) (3)
jazz jazz *m.* (18)
jelly confiture *f.* (16)
jewelry store bijouterie *f.* (18)
journalist journaliste *m. or f.* (3)
juice jus *m.* (16)

K

(to) keep garder (12)
   Keep the change. Gardez la monnaie. (12)
key clé *f.* (4)
kilogram kilo *m.* (16)
king roi *m.* (13)
(to) know connaître (13)

L

lamb mouton *m.* (16)
lane allée *f.* (15)
languages langues *f. pl.* (5)
last dernier(-ère) (13), (14)
last name nom de famille *m.* (6)
latest dernier(-ère) (18)
lawyer avocat(e) *m. (f.)* (3)
(to) lead mener (14)
(to) learn apprendre (10)
(to) leave quitter (10)
left gauche (8)
   on your left sur votre gauche (8)
leg jambe *f.* (14)
   leg of lamb gigot *m.* (16)
lemon citron *m.* (1), (17)
   lemonade citron pressé *m.* (1)
   tea with lemon thé citron *m.* (1)
less moins (11)
   less expensive moins cher (11)
   less ... than moins de + *(noun)* + que (17)
let's do some math faisons des calculs (18)
let's dream rêvons (18)
let's eat mangeons (1)
let's get to know each other faisons connaissance (6)
let's get to know the city faisons connaissance de la ville (7)

let's get to know one another on fait connaissance (4)
let's give more details précisons (6)
let's go allons (1); allons-y (10)
let's respond répondons (1)
lettuce salade *f.* (16)
library bibliothèque *f.* (7)
life vie *f.* (6), (12)
light lumière *f.* (9)
lightning-fast visit visite-éclair (12)
(to) like aimer (5)
  (to) like the best aimer (le) mieux (5)
(to) listen to écouter (5), (6)
  listen carefully écoutez bien (2)
  listen, do you have… ? écoute, tu as…? (4)
liter litre *m.* (16)
literature littérature *f.* (5)
little peu (1)
(to) live habiter (1)
(long) loaf of bread baguette *f.* (16)
(to be) located se trouver (8)
look visage *m.* (13)
(to) look at regarder (5)
(to) look for chercher (6)
(a) lot beaucoup (1)
  (a) lot of beaucoup de (17)
(to) love adorer (5)
lunch déjeuner *m.* (1)

M

McDonald's Macdo (3)
madam, Mrs. madame (2)
made rendu(e) (13)
mammals mammifères *m. pl.* (15)
map plan *m.* (8)
mark note *f.* (8)
  What mark? Quelle note? (8)
married marié(e) (6)
mathematics mathématiques *f. pl.* (5)
mayonnaise mayonnaise *m.* (17)
me moi (1)
meat viande *f.* (16)
  meat spread pâté *m.* (16)
mechanic mécanicien(ne) *m. (f.)* (3)
(to) meet se retrouver (9); se réunir (13)
  (to) meet (arranged in advance) retrouver (10)
meeting rendez-vous *m.* (9)
melon melon *m.* (17)
memory mémoire *f.* (13)
metro entrance bouche de métro *f.* (11)

metro map plan de métro (11)
Mexican mexicain(e) (3)
microwave oven four à micro-ondes *m.* (16)
Middle Ages moyen âge *m.* (13)
midnight minuit (9)
(with) milk (au) lait *m.* (1), (16)
milk with strawberry syrup lait fraise *m.* (1)
millions millions *m. pl.* (14)
miss mademoiselle *f.* (2)
mister, sir monsieur *m.* (2)
mixed herbs fines herbes *f.* (1)
Monday lundi (10)
money argent *m.* (17)
Monopoly (board game) monopoly *m.* (7)
month mois *m.* (8)
moped vélomoteur *m.* (4)
more plus (17)
  more… than plus de + *(noun)* + que (17)
morning matin *m.* (10)
  this morning ce matin *m.* (10)
  tomorrow morning demain matin *m.* (10)
most plus grand nombre (6)
mother mère *f.* (6)
motorcycle moto, motocyclette *f.* (4)
mouse souris *f.* (4)
mouth bouche *f.*
(to) move in s'installer (14)
movement déplacement *f.* (12)
movie theater cinéma *m.* (7)
movies cinéma *m.* (5)
Mr. monsieur *m.* (1)
museum musée *m.* (7)
Mrs. madame *f.* (1)
mushroom champignon *m.* (17)
music musique *f.* (5)
  music video vidéo-clip *m.* (18)
mustard moutarde *f.* (17)
my mon *m.* (2), ma *f.* (4), mes *m. or f. pl.* (5)

N

name nom *m.*
  first name prénom *m.* (5)
  last name nom de famille *m.* (6)
(to) name, call appeler (4)
  my name is… je m'appelle… (4)
napoleon (pastry) mille-feuille *m.* (16)
nature nature *f.* (5)
near près de (7), (8)
  near here près d'ici (7)

(to) need avoir besoin de (4)
neighborhood café café du coin (1)
neighborhood or city section quartier *m.* (13)
neither non plus (2), (5)
never ne ... jamais (7)
New Year's card carte pour le Nouvel An *f.* (18)
next prochain(e) (11); ensuite (7); puis (14)
  (the) next day lendemain *m.* (14)
  next week la semaine prochaine (11)
  next year l'année prochaine (11)
next to à côté de (8)
new nouveau(-vel, -velle) (1)
night nuit *f.* (13)
nine neuf (4)
nineteen dix-neuf (7)
ninety quatre-vingt-dix (18)
noon midi (9)
not enough pas assez de (17)
not many pas beaucoup de (17)
notebook cahier *m.* (4)
  (small) notebook carnet *m.* (4), (18)
nothing ne... rien (10)
now maintenant (4)
nowadays de nos jours (9)
number nombre *m.* (4)
  even numbers nombres pairs (4)
  odd numbers nombres impairs (4)
numerous, big nombreux(-euse) (6)
  I have a big family. J'ai une famille nombreuse. (6)

O

odd impair (4)
  odd numbers nombres impairs (4)
of course bien sûr (11)
of de (3)
(at the) office au bureau (12)
often souvent (1), (7)
  fairly often assez souvent (7)
OK d'accord (3), (9); ça va (10); vouloir bien (11)
old vieux (vieil, vieille) (13)
omelet omelette *f.* (1)
on sur (8)
  on (by) foot à pied (10), (12)
  on Saturdays (Sundays...) le samedi (dimanche...) (9)
  on the banks of au bord de (9)
one un(e) (4)
one hundred cent (18)

one thousand mille (18)
onion oignon *m.* (17)
open-air plein air (17)
  open-air market marché en plein air *m.* (17)
opinion avis *m.* (3)
  in my opinion à mon avis (3)
opposite contraire (6)
  dialogue of opposites dialogue de contraires (6)
orange orange *f.* (16)
orange juice jus d'orange *m.* (16)
orange-flavored soft drink Orangina *m.* (1)
orangeade orange pressée *f.* (1)
organ orgue *m.* (9)
  organ concert concert d'orgue *m.* (9)
others d'autres *m. pl.* (14)
our notre, nos (5)
over there là-bas (7)
(to) owe devoir (18)
  We owe them a lot of money. Nous leur devons beaucoup d'argent. (18)

P

paint peinture *f.* (14)
painting peinture *f.* (5)
paper money billet *m.* (12)
parade défilé *m.* (9)
park parc *m.* (7)
pasta pâtes *f. pl.* (17)
pastry filled with chocolate or coffee filling religieuse *f.* (16)
pâté (meat spread) pâté *m.* (1)
patience patience *f.* (17)
pea petit pois *m.* (17)
peach pêche *f.* (17)
pear poire *f.* (17)
pedestrian piéton *m.* (14)
pen stylo *m.* (18)
pencil crayon *m.* (18)
  pencil sharpener taille-crayon *m.* (4)
pendant pendentif *m.* (18)
people (in general) on (2)
pepper poivre *m.* (17)
per month par mois (8)
personal stereo walk-man *m.* (18)
pharmacist pharmacien(ne) *m. (f.)* (3)
piano piano *m.* (8)
pie tarte *f.* (16)
piece bout, morceau *m.* (17)
pillars poteaux *m. pl.* (14)
pinball flipper *m.* (7)

pipes tuyaux *m. pl.* (14)
pizza pizza *f.* (2), (17)
plan projet *m.* (12)
plant plante verte *f.* (4)
play pièce de théâtre *f.* (5)
(to) play jouer (7)
  (to) play tennis faire du tennis (6)
please s'il vous plaît (1), (8)
pleasure plaisir *m.* (11)
pocketbook sac à main *m.* (4)
police station commissariat de police *m.* (7)
political figure femme (homme) politique
  f. (m.) (3)
politics politique *f.* (5)
poorly mal (1)
popular populaire (5)
population population *f.* (18)
pork porc *m.* (16)
  pork roast rôti de porc *m.* (16)
Portuguese portugais(e) (3)
post office bureau de poste *m.* (7)
poster poster *m.* (4)
potato pomme de terre *f.* (17)
pound livre *f.* (16)
(to) prefer aimer (le) mieux (5); préférer
  (18)
preference préférence *f.* *(5)*
pretty joli(e) (18)
prison cell cachot *m.* (14)
private school école privée (6)
probably probablement (18)
product produit *m.* (17)
pupil élève *m. or f.* (3)
purchase achat *m.* (17)

Q ▬▬▬▬▬▬▬▬▬▬▬

queen reine *f.* (14)
quite a bit of pas mal de (18)
quite small assez petit(e) (6)

R ▬▬▬▬▬▬▬▬▬▬▬

race course *f.* (13)
racket raquette *f.* (18)
radio alarm clock radio-réveil *m.* (4)
radish radis *m.* (17)
rail cars funiculaire *m.* (13)
(to) raise lever (14)
rarely rarement (1), (7)
raspberry framboise *f.* (18)
reading lecture *f.* (18)

record disque *m.* (4), (18)
red (hair) roux (6)
region, area région *f.* (9)
(to) relax se détendre (15)
relics antiquités *f. pl.* (13)
(to) remain rester (14)
(to) rent louer (18)
restaurant restaurant *m.* (7)
result résultat *m.* (7)
retirement retraite (6)
(to) return retourner (14)
rice riz *m.* (13)
right droite (18)
ring bague *f.* (18)
river fleuve *m.* (13)
riverbank bord *m.* (9)
  on the banks of au bord de (9)
roast rôti *m.* (16)
roast pork rôti de porc *m.* (16)
robot robot *m.* (18)
rock concert concert de rock *m.* (9)
rock music rock *m.* (18)
rush hour heures de pointe *f. pl.* (11)
Russian russe (3)

S ▬▬▬▬▬▬▬▬▬▬▬

salad salade *f.* (16)
salami saucisson *m.* (16)
salt sel *m.* (17)
salty salé(e) (2)
sandwich sandwich *m.* (1)
Saturday samedi (9), (10)
  on Saturdays le samedi (9)
sausage saucisse *f.* (16)
saxophone saxophone *m.* (8)
(to) say goodbye prendre congé (1)
  saying goodbye on prend congé (1)
schedule, time-table emploi du
  temps *m.* (11)
school (general or elementary) école *f.*
  (6), (7)
  after school après les classes (7)
  private school école privée (6)
school-time classes *f. pl.* (7)
sciences sciences *f. pl.* (5)
sculpture sculpture *f.* (5)
second-class ticket billet de seconde *m.* (11)
second-class (train or subway) car
  voiture de seconde *f.* (11)
secretary secrétaire *m. or f.* (3)
See you in a while. À tout à l'heure. (1)
See you soon. À bientôt. (1)

See! Tiens! (18)
(to) see voir (9), (14)
stay séjour *m.* (13)
Senegalese sénégalais(e) (3)
seven sept (4)
seventeen dix-sept (7)
seventy soixante-dix (18)
several plusieurs (15)
she elle (2)
shelf, section of a supermarket rayon *m.* (17)
(to go) shopping faire des achats (10); faire une course (16)
shopping cart chariot *m.* (17)
shopping mall centre commercial *m.* (18)
short petit(e) (6)
show spectacle *m.* (9)
   Sound and Light show spectacle son et lumière *m.* (9)
side côté *m.* (6), (14)
since depuis (13)
(to) sing chanter (1), (18)
sister sœur *f.* (6)
(to) sit down s'asseoir (14)
six six (4)
sixteen seize (7)
sixty soixante (12)
skis skis *m. pl.* (18)
skulls têtes de morts *f. pl.* (15)
(to) sleep late faire la grasse matinée (10)
slice tranche *f.* (16); part *m.* (2)
   slice of pizza part de pizza *m.* (2)
small petit(e) (6)
so tellement (18)
   so spoiled tellement gâté(e) (18)
soccer foot, football *m.* (7)
   soccer ball ballon de foot *m.* (18)
soft drink
   with lemon-flavored syrup diabolo citron *m.* (1)
   with mint-flavored syrup diabolo menthe *m.* (1)
   with strawberry-flavored syrup diabolo fraise *m.* (1)
some des (4), (16); de, de la, de l', du (16); quelques (17)
some more questions encore des questions (2)
someday un jour (6)
something quelque chose (2)
   something else autre chose (10)
   something salty quelque chose de salé (2)
   something sweet quelque chose de sucré (2)

sometimes quelquefois (7)
son fils *m.* (6)
song chanson *f.* (17)
sound son *m.* (8)
   Sound and Light show spectacle son et lumière (9)
south sud (9)
Spanish espagnol(e) (1)
specialty spécialité *f.* (9)
(to) specify préciser (6)
(to) speak parler (1)
spoiled gâté(e) (18)
   so spoiled tellement gâté(e) (18)
sporting goods store magasin de sport *m.* (18)
sports sports *m. pl.* (5)
square place *f.* (8)
squash courgette *f.* (17)
stadium (sports complex) stade *m.* (7)
stairs escalier *m.* (13)
stationery papier à écrire *m.* (18)
stationery store papeterie *f.* (18)
(to) stay rester (10)
steak bifteck *m.* (16)
steel acier *m.* (13), (14)
step marche *f.* (14)
stereo system chaîne stéréo *f.* (4), (18)
store magasin *m.* (13)
   antique store magasin d'antiquités *m.* (13)
   department store grand magasin *m.* (18)
   grocery store épicerie *f.* (7), (17)
   jewelry store bijouterie *f.* (18)
   sporting goods store magasin de sport *m.* (18)
   stationery store papeterie *f.* (18)
   tobacco store bureau de tabac *m.* (7)
   toy store magasin de jouets *m.* (18)
straight ahead tout droit (8)
strawberry fraise *f.* (1), (17)
   strawberry pie tarte aux fraises (16)
street rue *f.* (7)
(to) stretch out s'étendre (13)
student étudiant(e) *m. (f.)* (3)
(to) study étudier (1)
suburb banlieue *f.* (14)
subway métro (10)
   subway cars voitures *f. pl.* (11)
   subway entrance bouche de métro *f.* (11)
   subway map plan de métro *m.* (11)
   (monthly) subway pass carte orange *f.* (11)
   subway stop station de métro *f.* (11)
sugar sucre *m.* (17)

Sunday dimanche (10)
  on Sundays le dimanche (9)
supermarket supermarché *m.* (17)
surroundings environs (12)
survey enquête *f.* (7)
sweet sucré(e) (2)
  sweet or salty sucré ou salé (2)
swimming natation *f.* (5)
  swimming pool piscine *f.* (7)
Swiss suisse (3)
synagogue synagogue *f.* (7)

T

(to) take prendre (10)
  (to) take, (to) lead amener (13)
  (to) take one's leave prendre congé (2)
  (to) take a test passer un examen (12)
  (to) take a trip faire un voyage (6)
  (to) take place avoir lieu (13)
  (to) take a walk faire une promenade (6)
tall haut(e) (13)
tape recorder magnétophone *m.* (18)
taste goût *m.* (5)
taxi taxi *m.* (10)
tea thé *m.* (1)
  (black) tea thé nature *m.* (1)
  tea with lemon thé citron *m.* (1)
  tea with milk thé au lait *m.* (1)
teacher professeur *m.* (3)
television télévision *f.* (4)
(to) tell dire (8)
  tell... dites à... (8)
ten dix (4)
tennis tennis *m.* (5), (7)
  tennis ball balle de tennis *f.* (18)
  tennis racket raquette de tennis *f.* (18)
test examen *m.* (12)
thank you merci (1)
that, those -là (16)
that's... ça c'est... (5)
  That's great (neat). C'est chouette, ça. (3)
  That's not right. Ce n'est pas ça. (9)
  That's right. C'est ça. (3)
that, who qui (6)
theater théâtre *m.* (5), (7)
then alors (9)
then ensuite (7); puis (14)
there là (7), y (10), (13)
  it is there il (elle) est là (7)
  there is, there are il y a, voilà (4)
these ces (16)

they elles (two or more females); ils (two or more males or a mixed group) (2)
thin fin(e) (16)
thing chose *f.* (2)
(to) think penser (18)
(to be) thirsty avoir soif (4)
thirteen treize (7)
thirty trente (12)
this ce (cet, cette) (8)
  this afternoon cet après-midi *m.* (9), (10)
  this morning ce matin *m.* (10)
  this week cette semaine *f.* (11)
  this year cette année *f.* (9), (11)
this, these -ci (16)
those ceux *m. pl.* (15)
three trois (3), (4)
Thursday jeudi (10)
ticket billet *m.* (11)
  ticket window guichet *m.* (11)
time heure *f.* (9)
  (At) what time? À quelle heure? (9)
tin, can boîte de conserves *f.* (17)
tip pourboire *m.* (1)
to jusqu'à (8)
toast pain grillé *m.* (16); toast *m.* (16)
tobacco store bureau de tabac *m.* (7)
today aujourd'hui (10)

tomato tomate *f.* (16)
tomorrow demain (10)
  tomorrow morning demain matin *m.* (10)
tonight ce soir *m.* (6)
too much trop (17)
toward vers (13)
town ville *f.* (4), (10)
  downtown, into town en ville (4)
town hall hôtel de ville *m.* (7)
toy jouet *m.* (18)
  toy store magasin de jouets *m.* (18)
train station gare *f.* (7)
(to) travel voyager (1)
tree arbre *m.* (6)
trombone trombone *m.* (8)
truck camion *m.* (18)
true vrai (6)
trumpet trompette *f.* (8)
Tuesday mardi (10)
tuna thon *m.* (16)
(to) turn tourner (8)
twelve douze (7)
twenty vingt (7)

20-franc bill billet de 20 (12)
two deux (3), (4)
typewriter machine à écrire *f.* *(4)*

U

uncle oncle *m.* (6)
underground souterrain(e) (15)
(to) understand comprendre (10)
(to) unite réunir (13)
United States États-Unis (3)
university université *f.* (7)
unknown inconnu(e) (13)
until jusqu'à (8)
us nous (14)
usually d'habitude (15)

V

valid, good valable (12)
  valid for life valable pour la vie (12)
vanilla vanille *f.* (3)
very très (1); tout (13)
  very few très peu de (17)
  very much beaucoup (5)
video game jeu vidéo *m.* (18)
video player magnétoscope *m.* (4), (18)
videotape vidéo *f.* (18)
Vietnamese vietnamien(ne) (3)
violin violon *m.* (8)
volleyball volley *m.* (7)

W

(to) wait attendre (3)
  (to) wait in line faire la queue (8)
  waiting at the airport en attendant à l'aéroport (3)
  we wait in line on fait la queue (8)
waiter garçon *m.*
waitress serveuse *f.* (1)
wallet portefeuille *m.* (4)
(to) want désirer (l); vouloir (12)
war guerre *f.* (14)
watch montre *f.* (18)
(to) watch regarder (5)
water with mint-flavored syrup menthe à l'eau *f.* (1)

way, manner façon *f.* (13)
way, route voie *f.* (13)
we nous (1)
  we would like to see nous voudrions voir (9)
(to) wear porter (6)
  (to) wear glasses porter des lunettes (6)
Wednesday mercredi (10)
week semaine *f.* (11)
  next week la semaine prochaine *f.* (11)
  this week cette semaine *f.* (11)
  during the week en semaine (9)
(to) weigh peser (14)
well bien (1)
west ouest (13)
what qu'est-ce que (6); quel(le) (6); de quoi (18)
  What day is today? Quel jour est-ce aujourd'hui? (10)
  what else quoi d'autre (16)
  what I have at my house ce que j'ai chez moi (4)
  what I have with me ce que j'ai avec moi (4)
  What is it? Qu'est-ce que c'est? (4)
  What is the name... ? Comment s'appelle... ?(6)
  What kind of car do they have? Qu'est-ce qu'ils ont comme voiture? (12)
  What mark? Quelle note? (8)
  what they need ce qu'il leur faut (17)
  (at) what time? à quelle heure? (9)
when quand (10)
where où (6)
  Where are we going first? Où est-ce qu'on va d'abord? (7)
  Where did you buy it? Où est-ce que tu l'as acheté? (16)
which one(s) lequel (laquelle, lesquels, lesquelles) (16)
who qui (1)
  who is it? qui est-ce? (6)
whose is... ? à qui est...? (5)
why pourquoi (6)
why not pourquoi pas (3), (11)
wild sauvage (15)
(to) win gagner (14)
wire fil *m.* (14)
wiring fils *m. pl.* (14)
(to) wish vouloir (12)

with avec (6), (11)
   with pleasure avec plaisir (11)
woman femme *f.* (6)
word mot *m.* (13)
work œuvre *f.* (13)
(to) work travailler (2)
world monde *m.* (13)
wounded blessé(e) (14)
writer écrivain *m.* (14)
(to be) wrong avoir tort (4)

Y

year an *m.,* année *f.* (9)
   every year tous les ans (9)
   next year l'année prochaine (11)
   this year cette année (9), (11)
yesterday hier (13)
yogurt yaourt *m.* (17)
you toi; tu *(familiar) sing.;* vous *(formal)*
   sing. or pl. (1)
you would like tu voudrais (2)
you're welcome je vous en prie (1)
your ton, ta, tes, votre, vos (5)
yours à toi (4)
   Is that yours? C'est à toi, ça? (4)

Z

zero zéro (11)

Index

Text permissions

We wish to thank the authors, publishers and holders of copyright for their permission to reprint the following:

p. 220 Paris mètro map, reproduced courtesy of the RATP; p.246 "Histoire de billet" adapted from SNCF brochure *The Ticket Story* ; p. 292 map of Paris, reproduced courtesy of the Office de tourisme, Paris; p. 293 "la tour Eiffel"; p. 295 "Beaubourg"; p. 309 "le bois de Boulogne"; p. 310 "les bateaux mouches", "les catacombes" text adapted from *Paris (les petits bleus)* , Hatchette, 1984; p. 294 la Villette brochure reproduced courtesy of the Cité des sciences et de l'industrie; p. 296 la Dèfense map; p. 303 Parisiennes, Parisiens ad; p. 304 Paris Cable *Ville de paris*, Association pour l'information municipale; p. 304 concert list adapted from *Phosphore*, No. 77, juin 1987; p. 318 monument map, Quènelle, *La France j'aime*, Hatier, 1985; p. 319 "Le tout Paris acclame Prince", *OK!*, Éditions Filipacchi, 1986; p. 397 "Hit-Parade", *Salut!*, Éditions Filipacchi, No. 291, Nov-Dec 1986.

Photo credits

All photos were taken by **Stuart Cohen** except the following: page T16 J. **Michael Miller**; 7 **Peter Menzel** (left top); **Alain Mingam** (left bottom); 11 **Kathy Squires**; 35, 52, 59 **B & J McGrath**; 83 **Kathy Squires**; 98 **Greg Meadows**; 118 **Peter Menzel**; 119 **Lawrence Migdale/Stock Boston**; 119 **Stuart Cohen/Comstock**; 120 **Ulrike Welsch**; 128 **Peter Menzel/Stock. Boston**; 135, 140 **Kathy Squires**; 159, 164 **Stuart Cohen/Comstock**; 191 **Kathy Squires**; 255 **John Chiasson/Gamma Liason**; 261 **Comstock**; 296 **Superstock**; 308 **Ping Amrahand/Superstock**; 309 **Tom McHugh/Photo Researchers**; 323 **FourByFive**; 381 **Hugh Rogers Monkmeyer**; 393 **FourByFive**

Maps provided by **Herb Heidt/Mapworks & Magellen Geographix**